JN013613

すぐに役立つ

改訂新版

これならわかる

障害者総合支援法
と支援サービスの
しくみと手続き

行政書士
若林 美佳 [監修]

三修社

はじめに

　高齢者、障害者、寝たきりの要介護者といった人は、生活していく上でさまざまな支援や介助を必要としています。そのような人を対象とするさまざまな支援や助成を福祉サービスといいます。

　厚生労働省の障害福祉サービス等報酬改定検討チームが公表した「障害福祉分野の最近の動向」によると、障害者の総数は約1160万人であり、そのうち、身体障害者は約436万人、知的障害者は約109万人、精神障害者は約614万人となっています。また、平成30年12月から令和4年12月までの利用者数は、障害福祉サービスの利用者は85.9万人から98.8万人に増加しています。障害児サービスの利用者数も32.4万人から48.2万人に増えています。

　障害者総合支援法は障害のある人の日常生活・社会生活を総合的に支援することを目的とした法律です。障害者に関係する制度は近年大きく変化し、障害者も等しく社会生活を送れるように制度が整備されています。対象となる本人だけでなく親などの保護者が、サービスの種類や支給される費用、市区町村や都道府県の役割について知っておくことは重要なことだといえるでしょう。また、障害者への支援は、就労支援、各種福祉手当、年金、成年後見制度、信託などの福祉のための制度を全体的に捉えて、適切なサービスを活用することが大切です。

　本書では障害者総合支援法を中心に、障害者に関する法律の基本的な知識と必要な手続きについて、知識のない者でも無理なく読むことができるよう解説することを心がけました。障害をもつ人や保護者の視点から、障害者総合支援法のサービスの内容・利用手続き、費用などの項目を解説しています。また、令和6年4月1日施行の障害者総合支援法改正の内容にも対応しています。

　本書をご活用いただき、障害福祉サービスの理解に役立てていただければ監修者として幸いです。

監修者　行政書士　若林　美佳

Contents

第3章　障害福祉サービスの利用手続きと費用

第4章　障害福祉サービス事業を開始するための法律知識

第5章　障害者や障害児を支援するための法律と制度

第6章　障害者の生活や財産を管理する制度

第1章

障害者総合支援法の全体像

1 障害者に関する法律について知っておこう

障害者総合支援法を中心としたさまざまな法律がある

■■ 障害者福祉の基本法と障害者総合支援法

　障害者福祉に関する基本的な施策や、その施策を決定する際の原則を定めている法律として、**障害者基本法**があります。障害者基本法において示されている基本方針として、**ノーマライゼーション**が挙げられます。つまり、日常生活・社会生活を営む上で、障害の有無により区別するのではなく、すべての人々が等しく日常生活・社会生活を送ることができるような環境の整備が何よりの優先課題であると認識されています。そこで、障害者基本法は、医療・教育・雇用など、個別の施策について、障害者が障害のない人と同等の生活を送ることを保障し、そのための弊害の除去を基本理念として掲げています。

　そして、障害者に対する支援で最も中心的な法律が**障害者総合支援法**です。障害者総合支援法は、それまで施行されていた障害者自立支援法の内容や問題点をふまえた上で、障害者の日常生活や社会生活を総合的に支援するために、障害者自立支援法を改称する形で制定された法律です。障害者総合支援法の目的としては、障害者に対する福祉サービスの提供などについて、一元的に取り扱うことで、国の統一的・画一的な基準の下に、障害福祉サービスが行われることを保障し、障害福祉サービスの総合的な管理を可能にすることが挙げられます。

　また、障害福祉サービスが、あくまでも障害者自身が一定程度の経済的負担の下に成り立っている制度であることを考慮し、とくに所得の低い障害者や、所得に比べて高額な支援が必要な障害者に対する負担軽減に関する法制度の整備も重要な目的のひとつだといえます。

▓ その他にどんな法律があるのか

　障害者総合支援法や障害者基本法をベースとして、障害の種別に応じた法律も制定されています。**知的障害者福祉法**は、知的障害者への援助に関し、実施機関や入所措置、費用などを規定しています。**身体障害者福祉法**は、身体障害者への援助に関し、実施機関や更生援護、費用などを規定しています。**精神保健福祉法**は、精神障害者の医療や保護、援助に関し、精神保健福祉センターや精神保健指定医、措置入院などを規定しています。**児童福祉法**は、児童の育成に関する施設や責任の他、障害児への支援などを規定しています。

　また、**障害者雇用促進法**は、障害者が雇用の機会を得ることができる環境を整備し、障害者を雇用する事業者が負う義務などについて規定を置いています。その他、比較的新しく制定された法律として、**障害者虐待防止法**、**障害者優先調達推進法**、**障害者差別解消法**といった法律があります。障害者福祉の充実は国際的な取組みであり、国連において平成18年に**障害者権利条約**が採択された（日本は平成26年に批准した）ことも、我が国の障害者福祉を推進する重要な背景になっています。

■ 障害者福祉について定めるさまざまな法律 ･････････････････････････

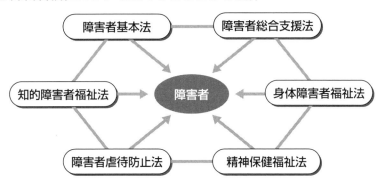

※他にも発達障害者支援法や児童福祉法などの法律がある

2 障害者基本法と障害者基本計画について知っておこう

障害者施策の基本事項を定めている

■■ 障害者基本法とは

障害者の支援を考える上で、障害者基本法の理解は必要不可欠です。**障害者基本法**は、文字通り他の障害者関連法の基本となる法律だからです。障害者基本法では、障害者の自立や社会参加の支援などの施策に関する基本的施策を定めており、基本的施策をベースにして、さまざまな法律が規定されています。たとえば、障害の種別に応じた支援などを規定する法律として、身体障害者福祉法、知的障害者福祉法、精神保健福祉法、発達障害者支援法があります。また、障害者を支援する福祉サービスを具体的に定めた障害者総合支援法があります。

障害者基本法は、心身障害者対策基本法を改称する形で1993年（平成5年）に制定され、平成16年（2004年）と平成23年（2011年）に法改正が行われています。2回の法改正で、障害を理由とする差別の禁止や、障害者の定義の拡大などが規定されました。現在では、地域社会における障害者の社会進出や雇用の拡大、障害者スポーツなどを通して、健常者と共生する社会を実現しようとしています。

■■ どんな規定があるのか

障害者基本法は、障害の有無にかかわらず、等しく個人として尊重されること（個人の尊重）、障害の有無によって差別されることなく、共生する社会を実現すること（共生社会の実現）を基本理念にしています。つまり、障害の有無によらず、障害者があらゆる活動に社会参加する機会が確保され、障害者が自立するための支援が実現するようさまざまな規定が存在します。

国や地方公共団体は、障害者の自立や社会参加の支援などの施策を総合的かつ計画的に実施する責務があります。また、国民は、障害者基本法がめざす基本原則の理解に努めなければなりません。

障害者基本法では、基本的施策ごとに、障害者の自立や社会参加の支援等のために必要な基本事項も規定しています。基本的施策には、医療、介護、年金、教育、療育、職業相談、雇用の促進、住宅の確保などがあります。障害者が生活する上で基本となる部分であり、障害の有無によらず等しく必要な施策が受けられるようにしています。手話や点字などのコミュニケーションの手段を確保し、適切に情報を取得・利用できるよう配慮すべきであることも規定しています。

障害者基本法における障害者は、身体障害者、知的障害者、精神障害者（発達障害者を含む）だけではありません。その他の心身の機能の障害があり、障害や社会的障壁により継続的に日常生活や社会生活に制限を受ける状態にある者も、障害者の定義に含めています。

■■ 障害者基本計画とは

障害者基本計画は、国（政府）が定める障害者施策の最も基本的な計画です。障害者支援においては、個々の障害者の状態に応じた支援

■ 障害者基本法 ・・・

障害者基本法

- 個人の尊重と共生社会の実現を基本理念とする
- 障害者の自立や社会参加の支援等のための基本的施策を定める

以下の基本的施策に関する
規定を設ける

医療	介護	年金	教育
療育	職業相談	雇用の促進	住宅の確保

など

を行う必要があります。しかし、限られた資源の中で個々の障害者に支援を提供すると、かえってめざすべき方向とズレたり、非効率・不平等が生じる可能性があります。そのことを避け、障害者施策を総合的かつ計画的に実施するために障害者基本計画を作成します。

　現在の障害者基本計画は、令和5年度（2023年度）からの5年間を計画期間とした第5次計画です。共生社会の実現に向けて、障害者が、社会のあらゆる活動に参加し、その能力を最大限発揮して自己実現できるよう支援するとともに、障害者の社会参加を制約する社会的障壁を除去することを目的にして、第5次計画は作成されています。

　第5次計画においては、地域社会における共生等、差別の禁止、国際的協調の3つを基本原則として掲げています。その上で、各分野に共通する横断的視点として、①条約の理念の尊重及び整合性の確保、②共生社会の実現に資する取組みの推進、③当事者本位の総合的かつ分野横断的な支援、④障害特性等に配慮したきめ細かい支援、⑤障害のある女性、こども及び高齢者に配慮した取組みの推進、⑥PDCAサイクル等を通じた実効性のある取組みの推進、を掲げています。

■ 障害者基本計画 ……………………………………………………

限られた資源の中で、効率性・平等性の実現が重要！

∴　国が障害者基本計画を作成

【横断的視点】
① 条約の理念の尊重及び整合性の確保
② 共生社会の実現に資する取組みの推進
③ 当事者本位の総合的かつ分野横断的な支援
④ 障害特性等に配慮したきめ細かい支援
⑤ 障害のある女性、こども及び高齢者に配慮した取組みの推進
⑥ ＰＤＣＡサイクル等を通じた実効性のある取組みの推進

3 障害者の対象について知っておこう

障害福祉サービスの対象者

■■障害福祉サービスを受けることができる障害者の対象

　障害福祉サービスの給付の対象者は、以下のいずれかに該当する人です。給付を希望する人は市町村に申請し、障害の程度や支給の要否について審査を受けます。障害者総合支援法の制定により、障害者の範囲に一定の難病患者が加わっています。

① 障害者

　障害者とは、18歳以上の者で、以下に該当する者のことです。

・身体障害者

　身体障害者福祉法に規定されている肢体不自由、視覚障害、聴覚障害、などの障害をもつ者のことです。

・知的障害者

　知的障害者とは、知能の発達の遅れに基づく日常生活や社会生活上の障害をいいます。ただし、知的障害者福祉法に定義規定はありません。

・精神障害者、発達障害者

　精神障害者とは、統合失調症、精神作用物質による急性中毒などの精神疾患を有する者のことです。発達障害者とは、自閉症、アスペルガー症候群、学習障害などにより、日常生活や社会生活上、制限を受ける者のことです。

② 障害児

　児童とは、満18歳に満たない者のことです。身体に障害のある児童、知的障害のある児童、精神に障害のある児童（発達障害者支援法所定の発達障害児を含む）が、障害児の対象に含まれます。

■■ 難病患者も障害者に含まれるのか

　障害者総合支援法では、一定の難病患者も障害者や障害児の対象者として扱われます。**難病患者**とは、治療方法が確立していない疾病や特殊な疾病にかかっている者です。

　難病患者として認められる具体的な疾患として、パーキンソン病、スティーヴンス・ジョンソン症候群、関節リウマチ、筋ジストロフィー、骨形成不全症などが挙げられます。これまで、指定されていた疾病数の増減や、名称変更が繰り返され、令和6年（2024年）4月現在、369の疾病が難病として指定を受けています。

　難病等による障害の程度が、「特殊の疾病による障害により継続的に日常生活又は社会生活に相当な制限を受ける程度」と認められる場合に、障害者総合支援法の障害者として扱われることになります。難病患者に該当するかどうかの判断は、個々の市町村で行われます。難病患者等に対する障害支援区分の調査や認定は、障害者に対して実施している現行の調査項目や基準等で行いますが、難病患者であることをふまえて認定調査が行われます。具体的には、居住する市町村の担当窓口で、対象疾患を患っていることがわかる証明書（診断書や特定疾患医療受給者証など）を提出して支給申請します。

　対象疾患の患者は、身体障害者手帳の所持の有無にかかわらず、必要と認められた障害福祉サービスの受給や相談支援の利用が可能です。

■ 障害者

身体障害者	知的障害者	精神障害者・発達障害者
肢体不自由 視覚障害 聴覚障害 など	知的能力に障害があり、日常生活に何らかの特別の援助が必要	〈精神障害者〉統合失調症 など 〈発達障害者〉自閉症 など

■ 障害者支援法の対象となる難病一覧 ·····················

番号	疾病名	番号	疾病名	番号	疾病名
1	アイカルディ症候群	36	エーラス・ダンロス症候群	68	ギャロウェイ・モワト症候群
2	アイザックス症候群	37	エプスタイン症候群	69	急性壊死性脳炎
3	ＩｇＡ腎症	38	エプスタイン病	70	急性網膜壊死
4	ＩｇＧ４関連疾患	39	エマヌエル症候群	71	球脊髄性筋萎縮症
5	亜急性硬化性全脳炎	40	ＭＥＣＰ２重複症候群 ★	72	急速進行性糸球体腎炎
6	アジソン病	41	遠位型ミオパチー	73	強直性脊椎炎
7	アッシャー症候群	42	円錐角膜	74	巨細胞性動脈炎
8	アトピー性脊髄炎	43	黄色靱帯骨化症	75	巨大静脈奇形（頚部口腔咽頭びまん性病変）
9	アペール症候群	44	黄斑ジストロフィー		
10	アミロイドーシス	45	大田原症候群	76	巨大動静脈奇形（頚部顔面又は四肢病変）
11	アラジール症候群	46	オクシピタル・ホーン症候群		
12	アルポート症候群	47	オスラー病	77	巨大膀胱短小結腸腸管蠕動不全症
13	アレキサンダー病	48	カーニー複合		
14	アンジェルマン症候群	49	海馬硬化を伴う内側側頭葉てんかん	78	巨大リンパ管奇形（頚部顔面病変）
15	アントレー・ビクスラー症候群	50	潰瘍性大腸炎	79	筋萎縮性側索硬化症
16	イソ吉草酸血症	51	下垂体前葉機能低下症	80	筋型糖原病
17	一次性ネフローゼ症候群	52	家族性地中海熱	81	筋ジストロフィー
18	一次性膜性増殖性糸球体腎炎	53	家族性低βリポタンパク血症１（ホモ接合体）	82	クッシング病
19	1p36 欠失症候群			83	クリオピリン関連周期熱症候群
20	遺伝性自己炎症疾患	54	家族性良性慢性天疱瘡		
21	遺伝性ジストニア	55	カナバン病	84	クリッペル・トレノネー・ウェーバー症候群
22	遺伝性周期性四肢麻痺	56	化膿性無菌性関節炎・壊疽性膿皮症・アクネ症候群		
23	遺伝性膵炎			85	クルーゾン症候群
24	遺伝性鉄芽球性貧血	57	歌舞伎症候群	86	グルコーストランスポーター１欠損症
25	ウィーバー症候群	58	ガラクトース－１－リン酸ウリジルトランスフェラーゼ欠損症		
26	ウィリアムズ症候群			87	グルタル酸血症１型
27	ウィルソン病	59	カルニチン回路異常症	88	グルタル酸血症２型
28	ウエスト症候群	60	加齢黄斑変性	89	クロウ・深瀬症候群
29	ウェルナー症候群	61	肝型糖原病	90	クローン病
30	ウォルフラム症候群	62	間質性膀胱炎（ハンナ型）	91	クロンカイト・カナダ症候群
31	ウルリッヒ病	63	環状 20 番染色体症候群	92	痙學重積型（二相性）急性脳症
32	ＨＴＲＡ１関連脳小血管病	64	関節リウマチ		
33	HTLV－１関連脊髄症	65	完全大血管転位症	93	結節性硬化症
34	ＡＴＲ－Ｘ症候群	66	眼皮膚白皮症	94	結節性多発動脈炎
35	ＡＤＨ分泌異常症	67	偽性副甲状腺機能低下症	95	血栓性血小板減少性紫斑病
				96	限局性皮質異形成
				97	原発性局所多汗症

番号	疾病名	番号	疾病名	番号	疾病名
98	原発性硬化性胆管炎	133	再発性多発軟骨炎	166	進行性白質脳症
99	原発性高脂血症	134	左心低形成症候群	167	進行性ミオクローヌスてんかん
100	原発性側索硬化症	135	サルコイドーシス		
101	原発性胆汁性胆管炎	136	三尖弁閉鎖症	168	心室中隔欠損を伴う肺動脈閉鎖症
102	原発性免疫不全症候群	137	三頭酵素欠損症		
103	顕微鏡的大腸炎	138	ＣＦＣ症候群	169	心室中隔欠損を伴わない肺動脈閉鎖症
104	顕微鏡的多発血管炎	139	シェーグレン症候群		
105	高ＩｇＤ症候群	140	色素性乾皮症	170	スタージ・ウェーバー症候群
106	好酸球性消化管疾患	141	自己貪食空胞性ミオパチー	171	スティーヴンス・ジョンソン症候群
107	好酸球性多発血管炎性肉芽腫症	142	自己免疫性肝炎		
		143	自己免疫性後天性凝固因子欠乏症	172	スミス・マギニス症候群
108	好酸球性副鼻腔炎			173	スモン
109	抗糸球体基底膜腎炎	144	自己免疫性溶血性貧血	174	脆弱Ｘ症候群
110	後縦靱帯骨化症	145	四肢形成不全	175	脆弱Ｘ症候群関連疾患
111	甲状腺ホルモン不応症	146	シトステロール血症	176	成人発症スチル病
112	拘束型心筋症	147	シトリン欠損症	177	成長ホルモン分泌亢進症
113	高チロシン血症１型	148	紫斑病性腎炎	178	脊髄空洞症
114	高チロシン血症２型	149	脂肪萎縮症	179	脊髄小脳変性症（多系統萎縮症を除く。）
115	高チロシン血症３型	150	若年性特発性関節炎		
116	後天性赤芽球癆	151	若年性肺気腫	180	脊髄髄膜瘤
117	広範脊柱管狭窄症	152	シャルコー・マリー・トゥース病	181	脊髄性筋萎縮症
118	膠様滴状角膜ジストロフィー	153	重症筋無力症	182	セピアプテリン還元酵素（SR）欠損症
119	抗リン脂質抗体症候群	154	修正大血管転位症		
120	コケイン症候群	155	ジュベール症候群関連疾患	183	前眼部形成異常
121	コステロ症候群	156	シュワルツ・ヤンペル症候群	184	全身性エリテマトーデス
122	骨形成不全症	157	徐波睡眠期持続性棘徐波を示すてんかん性脳症	185	全身性強皮症
123	骨髄異形成症候群			186	先天異常症候群
124	骨髄線維症	158	神経細胞移動異常症	187	先天性横隔膜ヘルニア
125	ゴナドトロピン分泌亢進症	159	神経軸索スフェロイド形成を伴う遺伝性びまん性白質脳症	188	先天性核上性球麻痺
126	5ｐ欠失症候群			189	先天性気管狭窄症／先天性声門下狭窄症
127	コフィン・シリス症候群	160	神経線維腫症		
128	コフィン・ローリー症候群	161	神経有棘赤血球症	190	先天性魚鱗癬
129	混合性結合組織病	162	進行性核上性麻痺	191	先天性筋無力症候群
130	鰓耳腎症候群	163	進行性家族性肝内胆汁うっ滞症	192	先天性グリコシルホスファチジルイノシトール（GPI）欠損症
131	再生不良性貧血				
132	サイトメガロウィルス角膜内皮炎	164	進行性骨化性線維異形成症	193	先天性三尖弁狭窄症
		165	進行性多巣性白質脳症	194	先天性腎性尿崩症
				195	先天性赤血球形成異常性貧血

番号	疾病名	番号	疾病名	番号	疾病名
196	先天性僧帽弁狭窄症	230	遅発性内リンパ水腫	261	ネフロン癆
197	先天性大脳白質形成不全症	231	チャージ症候群	262	脳クレアチン欠乏症候群
198	先天性肺静脈狭窄症	232	中隔視神経形成異常症／ドモルシア症候群	263	脳腱黄色腫症
199	先天性風疹症候群			264	脳内鉄沈着神経変性症
200	先天性副腎低形成症	233	中毒性表皮壊死症	265	脳表ヘモジデリン沈着症
201	先天性副腎皮質酵素欠損症	234	腸管神経節細胞僅少症	266	膿疱性乾癬
202	先天性ミオパチー	235	ＴＲＰＶ４異常症 ★	267	嚢胞性線維症
203	先天性無痛無汗症	236	ＴＳＨ分泌亢進症	268	パーキンソン病
204	先天性葉酸吸収不全	237	ＴＮＦ受容体関連周期性症候群	269	バージャー病
205	前頭側頭葉変性症			270	肺静脈閉塞症／肺毛細血管腫症
206	線毛機能不全症候群（カルタゲナー症候群を含む。）★	238	低ホスファターゼ症		
		239	天疱瘡	271	肺動脈性肺高血圧症
207	早期ミオクロニー脳症	240	特発性拡張型心筋症	272	肺胞蛋白症（自己免疫性又は先天性）
208	総動脈幹遺残症	241	特発性間質性肺炎		
209	総排泄腔遺残	242	特発性基底核石灰化症	273	肺胞低換気症候群
210	総排泄腔外反症	243	特発性血小板減少性紫斑病	274	ハッチンソン・ギルフォード症候群
211	ソトス症候群	244	特発性血栓症（遺伝性血栓性素因によるものに限る。）		
212	ダイアモンド・ブラックファン貧血			275	バッド・キアリ症候群
		245	特発性後天性全身性無汗症	276	ハンチントン病
213	第14番染色体父親性ダイソミー症候群	246	特発性大腿骨頭壊死症	277	汎発性特発性骨増殖症
		247	特発性多中心性キャッスルマン病	278	ＰＣＤＨ１９関連症候群
214	大脳皮質基底核変性症			279	非ケトーシス型高グリシン血症
215	大理石骨病	248	特発性門脈圧亢進症		
216	ダウン症候群	249	特発性両側性感音難聴	280	肥厚性皮膚骨膜症
217	高安動脈炎	250	突発性難聴	281	非ジストロフィー性ミオトニー症候群
218	多系統萎縮症	251	ドラベ症候群		
219	タナトフォリック骨異形成症	252	中條・西村症候群	282	皮質下梗塞と白質脳症を伴う常染色体優性脳動脈症
220	多発血管炎性肉芽腫症	253	那須・ハコラ病		
221	多発性硬化症／視神経脊髄炎	254	軟骨無形成症	283	肥大型心筋症
222	多発性軟骨性外骨腫症	255	難治頻回部分発作重積型急性脳炎	284	左肺動脈右肺動脈起始症
223	多発性嚢胞腎			285	ビタミンＤ依存性くる病／骨軟化症
224	多脾症候群	256	22q11.2欠失症候群		
225	タンジール病	257	乳幼児肝巨大血管腫	286	ビタミンＤ抵抗性くる病／骨軟化症
226	単心室症	258	尿素サイクル異常症		
227	弾性線維性仮性黄色腫	259	ヌーナン症候群	287	ビッカースタッフ脳幹脳炎
228	短腸症候群	260	ネイルパテラ症候群（爪膝蓋骨症候群）/LMX1B関連腎症	288	非典型溶血性尿毒症症候群
				289	非特異性多発性小腸潰瘍症
229	胆道閉鎖症			290	皮膚筋炎／多発性筋炎

番号	疾病名	番号	疾病名	番号	疾病名
291	びまん性汎細気管支炎	324	ホモシスチン尿症	356	リジン尿性蛋白不耐症
292	肥満低換気症候群	325	ポルフィリン症	357	両側性小耳症・外耳道閉鎖症
293	表皮水疱症	326	マリネスコ・シェーグレン症候群	358	両大血管右室起始症
294	ヒルシュスプルング病（全結腸型又は小腸型）	327	マルファン症候群／ロイス・ディーツ症候群	359	リンパ管腫症／ゴーハム病
295	VATER 症候群			360	リンパ脈管筋腫症
296	ファイファー症候群	328	慢性炎症性脱髄性多発神経炎／多巣性運動ニューロパチー	361	類天疱瘡（後天性表皮水疱症を含む。）
297	ファロー四徴症	329	慢性血栓塞栓性肺高血圧症	362	ルビンシュタイン・テイビ症候群
298	ファンコニ貧血	330	慢性再発性多発性骨髄炎		
299	封入体筋炎	331	慢性膵炎	363	レーベル遺伝性視神経症
300	フェニルケトン尿症	332	慢性特発性偽性腸閉塞症	364	レシチンコレステロールアシルトランスフェラーゼ欠損症
301	フォンタン術後症候群	333	ミオクロニー欠神てんかん		
302	複合カルボキシラーゼ欠損症	334	ミオクロニー脱力発作を伴うてんかん	365	劣性遺伝形式をとる遺伝性難聴
303	副甲状腺機能低下症	335	ミトコンドリア病	366	レット症候群
304	副腎白質ジストロフィー	336	無虹彩症	367	レノックス・ガストー症候群
305	副腎皮質刺激ホルモン不応症	337	無脾症候群	368	ロスムンド・トムソン症候群
306	ブラウ症候群	338	無βリポタンパク血症	369	肋骨異常を伴う先天性側弯症
307	プラダー・ウィリ症候群	339	メープルシロップ尿症		
308	プリオン病	340	メチルグルタコン酸尿症		
309	プロピオン酸血症	341	メチルマロン酸血症		
310	PRL 分泌亢進症（高プロラクチン血症）	342	メビウス症候群		
311	閉塞性細気管支炎	343	メンケス病		
312	β－ケトチオラーゼ欠損症	344	網膜色素変性症		
313	ベーチェット病	345	もやもや病		
314	ベスレムミオパチー	346	モワット・ウイルソン症候群		
315	ヘパリン起因性血小板減少症	347	薬剤性過敏症症候群		
316	ヘモクロマトーシス	348	ヤング・シンプソン症候群		
317	ペリー病	349	優性遺伝形式をとる遺伝性難聴		
318	ペルーシド角膜辺縁変性症	350	遊走性焦点発作を伴う乳児てんかん		
319	ペルオキシソーム病（副腎白質ジストロフィーを除く。）	351	4p 欠失症候群		
320	片側巨脳症	352	ライソゾーム病		
321	片側痙攣・片麻痺・てんかん症候群	353	ラスムッセン脳炎		
322	芳香族Ｌ－アミノ酸脱炭酸酵素欠損症	354	ランゲルハンス細胞組織球症		
323	発作性夜間ヘモグロビン尿症	355	ランドウ・クレフナー症候群		

★は令和6年（2024年）4月に
新たに対象とされる疾病

障害者総合支援法に基づく支援について知っておこう

自立支援給付と地域生活支援事業が支援の柱

■■ 自立支援給付の内容

　障害者総合支援法が定める障害者への福祉サービスは、自立支援給付と地域生活支援事業に大きく分けられます。

　自立支援給付とは、在宅サービス、通所サービス、入所施設サービスなどの利用者に個別給付されます。主な自立支援給付としては、介護給付費、訓練等給付費、特定障害者特別給付費（補足給付）、地域相談支援給付費、計画相談支援給付費、自立支援医療費、療養介護医療費、補装具費、高額障害福祉サービス等給付費があります。

　障害福祉サービスにおいて中心的な役割を果たしているのが介護給付費と訓練等給付費です。介護給付費や訓練等給付費は、サービスの給付を希望する人が市町村に申請します。申請を受けた市町村は、障害支援区分の認定と支給の要否の決定を行います。支給することが必要であると市町村から認められると（支給決定）、サービスを受ける本人が、都道府県知事（政令指定都市・中核市の場合は、その市の市長）の指定を受けた事業者（指定障害福祉サービス事業者）の中から選んだ事業者と間で契約を結び、必要なサービスを受けることができます。なお、自立支援給付を行うのは市町村の義務ですが、費用の面では、国が50％、都道府県と市町村が25％ずつを義務的に負担することになっています。

■■ 介護給付費の内容

　介護給付費は、自立支援給付のひとつで、障害福祉サービスのうち介護給付を受けるために必要な費用を支給する制度です。

介護給付は、障害者の日常生活に必要な介護などの支援を提供するサービスで、認定を受けた障害支援区分などによって対象者が決定されます。そして、居宅介護、重度訪問介護、同行援護、行動援護、療養介護、生活介護、短期入所、重度障害者等包括支援、施設入所支援を利用した場合に介護給付費が支給されます。居宅介護や重度訪問介護など、各サービスの具体的な内容は50〜112ページを参照してください。なお、申請から支給決定までの間に上記のサービスを受けた場合は、特例介護給付費が支給されます。

　以前は、介護給付のひとつとして共同生活介護（ケアホーム）というサービスがありましたが、提供されるサービスの内容について訓練等給付のひとつである共同生活援助と共通する部分があったため、平成26年（2014年）4月から共同生活援助（76ページ）に一本化されています。

■■ 訓練等給付費の内容

　訓練等給付費は、自立支援給付のひとつで、障害福祉サービスのうち訓練等給付を受けるために必要な費用を支給する制度です。

　訓練等給付は、日常生活や社会生活を営むために必要な訓練等の支援を提供するサービスで、認定された障害支援区分を問わず、定められたサービス内容に適合していれば支給対象者になります。そして、自立訓練、就労移行支援、就労継続支援、就労定着支援、自立生活援助、共同生活援助を受けた場合に訓練等給付費が支給されます（令和7年までをめどに導入予定の就労選択支援を受けた場合も、訓練等給付費が支給されます）。なお、申請から支給決定までの前に上記のサービスを受けた場合は、特例訓練等給付費が支給されます。介護給付費と訓練等給付費のサービスの具体的内容は次ページ図のとおりです。

■■ 地域生活支援事業の内容

　地域生活支援事業とは、障害者をとりまく地域の地理的な条件や社会資源の状況や地域に居住する障害者の人数や障害の程度などに応じて、必要な支援を柔軟に行う事業です。地域生活支援事業の実施主体は基本的に市町村ですが（96ページ）、広域的なサポートや人材育成など、一部は都道府県が主体となります（98ページ）。

　地域生活支援事業を行う際にかかる費用の負担割合は、市町村の行う地域生活支援事業については、市町村が25％、国が50％、都道府県が25％の負担割合です。一方、都道府県の行う地域生活支援事業については、都道府県が50％、国が50％の負担割合です。

■■ 障害福祉サービスを提供するのは市町村なのか

　現在の制度では、サービスの提供主体が原則として障害者にとって身近な市町村に一元化されています。ただし、都道府県が主体となってサービスを提供しているものもあります。

　障害福祉サービスのうち、介護給付費や訓練等給付費の給付、自立支援医療費（育成医療・更生医療）の給付、市町村地域生活支援事業の実施、市町村障害福祉計画の策定などは市町村の役割です。

　一方で、自立支援医療費（精神通院医療）の給付、障害福祉サービ

■ 介護給付と訓練等給付に含まれる主なサービス ⋯⋯⋯⋯⋯⋯⋯⋯

介 護 給 付	訓 練 等 給 付
・居宅介護　　・生活介護 ・重度訪問介護　・短期入所 ・同行援護　　・重度障害者等 ・行動援護　　　包括支援 ・療養介護　　・施設入所支援	・自立訓練（機能訓練・生活訓練） ・就労移行支援　・就労継続支援 ・就労定着支援　・自立生活援助 ・共同生活援助　・就労選択支援 　　　　　　　　　（2025年以降）

スを提供する事業者の指定、都道府県地域生活支援事業の実施、市町村障害福祉計画の策定、障害者介護給付費不服審査会の設置などは都道府県の役割です。加えて、都道府県は、障害福祉サービスを提供する事業者に対して指導・監督を行う権限を有します。事業者が虚偽の事実を報告するなど不正な手段で事業者の指定を受けた場合や、事業者が障害福祉サービスに関して不正を行ったことが発覚した場合、都道府県は指定を取り消す措置をとることができます。

■■ 障害者が安心して暮らせるための計画が立てられる

　障害福祉計画とは、障害者が地域で安心して暮らし、当たり前に働ける社会を実現していくため、障害者総合支援法に基づいて、障害福祉サービス等の提供体制の確保のために国が定める基本指針に即して、市町村・都道府県が作成する計画であり、３年を一期として作成するのを基本としています。なお、令和６年度（2024年度）を初年度とする第７期計画では、基本方針において、①福祉施設の入所者の地域生活への移行、②精神障害にも対応した地域包括ケアシステムの構築、③地域生活支援の充実、④福祉施設から一般就労への移行等、⑤障害児支援の提供体制の整備等、⑥相談支援体制の充実・強化等、⑦障害福祉サービス等の質を向上させるための取組みに係る体制の構築、を成果目標として掲げています。

　市町村の定める障害福祉計画（市町村障害福祉計画）には、①障害福祉サービス、相談支援、地域生活支援事業の提供体制の確保に係る目標に関する事項、②各年度における指定障害福祉サービス、指定地域相談支援または指定計画相談支援の種類ごとの必要な量（サービスの件数）の見込み、③地域生活支援事業の種類ごとの実施に関する事項などが定められています。

　一方で、都道府県の定める障害福祉計画（都道府県障害福祉計画）には、①障害福祉サービス、相談支援、地域生活支援事業の提供体制

の確保に係る目標に関する事項、②都道府県が定める区域ごとに当該区域における各年度の指定障害福祉サービス、指定地域相談支援または指定計画相談支援の種類ごとの必要な量（サービスの件数）の見込み、③各年度の指定障害者支援施設の必要入所定員総数、④地域生活支援事業の種類ごとの実施に関する事項などが定められます。

■ 障害者総合支援法に基づく市町村・都道府県の支援 ……………

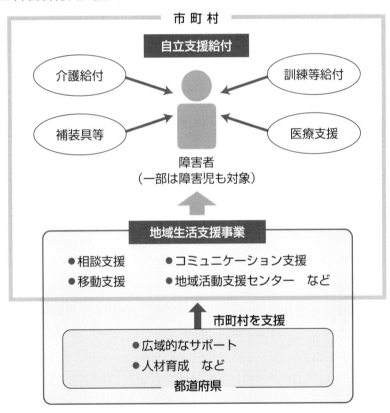

5 障害者総合支援法等の改正について知っておこう

令和6年4月から施行される

■■ どんな改正がいつから行われるのか

　今回の障害者総合支援法等の改正は、令和6年4月1日から施行されます。障害や難病を持つ人などが、自分らしく安心して暮らすことや、希望する生活をより実現できるように、障害や難病を持つ人などの地域での生活や、働くための支援を強化することなどが盛り込まれています。具体的には、①障害者等の地域生活の支援体制の充実、②障害者の多様な就労ニーズに対する支援及び障害者雇用の質の向上の推進、③精神障害者の希望やニーズに応じた支援体制の整備、④難病患者及び小児慢性特定疾病児童等に対する適切な医療の充実及び療養生活支援の強化、⑤障害福祉サービス等、指定難病及び小児慢性特定疾病についてのデータベースに関する規定の整備、⑥事業者指定や居住地特例の見直し、の措置を講ずるものとなっています。

■■ 障害者等の地域生活の支援体制の充実

・グループホーム制度の見直し

　グループホームとは、障害者総合支援法では共同生活援助といわれる障害福祉サービスのひとつです。障害者同士が共同生活をする住居において、主に夜間に、相談、入浴、排泄等の日常生活上の支援が行われており、一人暮らしに不安を抱えている障害者が利用することができます。グループホームの利用者は増加傾向にある中で、グループホームでの共同生活を継続したい利用者もいれば、グループホームを退所して、生活の支援を受けながらの一人暮らし（アパートなど）を希望している人もいます。今回の改正では、グループホームから一人

暮らしへ移ることを希望している人への支援も、グループホームの支援内容に含まれることを、障害者総合支援法の中で明確化しました。

　具体的には、グループホームに入居している間からの支援（一人暮らしに向けた家事支援、金銭等の管理支援、住居確保支援）、グループホームの退去後の支援（入居していたグループホームの事業者が相談等の支援を一定期間継続する）があります。

・地域の相談支援体制の整備

　地域の障害者等の相談支援の中核的な機関である基幹相談支援センターは、相談支援を総合的に行うことを目的として、平成24年から障害者総合支援法に位置付けられていましたが、設置している市町村は半数程度にとどまります。今回の改正では、基幹相談支援センターの設置について市町村の努力義務等を設けました。また、地域生活支援拠点等（地域生活の緊急時の対応や地域移行を推進するサービス拠点）についても、市町村による整備が努力義務化されました。

　その他、市町村等による精神保健に関する相談支援についても、精神障害者の他、精神保健に課題を抱えている者も相談支援の対象とするなど、障害者本人やその家族等への相談支援体制を整備し、一層強化するように定められています。

■■ 障害者の多様な就労ニーズに対する支援

　現在も、障害者の就労支援として、就労アセスメントによる支援が行われています。就労アセスメントとは、主として就労移行支援事業所が、就労面での情報（作業の能力、就労に対する意欲、集中力があるかどうかなど）を把握して客観的に評価（アセスメント）をするとともに、本人が得意としていることや今後の課題を明らかにして、就労に必要な支援を行うものです。

　今回の改正では、就労アセスメントの手法を活用した新たなサービスとして「就労選択支援」が障害者総合支援法に創設されました。

就労選択支援とは、障害者本人と協同して、就労先や働き方について より良い選択ができるように、①本人への情報提供等、②作業場面 等を活用した状況把握、③多機関連携によるケース会議、④アセスメ ント結果の作成、を行う障害福祉サービスです。そして、そのアセスメ ント結果が、就労系障害福祉サービス（就労移行支援事業など）を 利用する際の支給決定等に勘案されます。また、ハローワークは、就 労選択支援のアセスメントの結果を参考として、障害者に対して職業 指導等を実施することになります（障害者雇用促進法）。

　他には、障害者が企業等に一般就労中であっても一時的に就労系障 害福祉サービスを利用できることや、雇用と福祉の連携を強化するこ とが障害者総合支援法に盛り込まれました。

■■ 障害者雇用の質の向上の推進

・障害者雇用率の算定対象者の拡大

　事業主は、障害者雇用促進法が定める一定の割合（障害者雇用率） 以上の障害者を雇用する義務があります。従来は、障害者雇用率の算

■ 就労選択支援 ……………………………………………

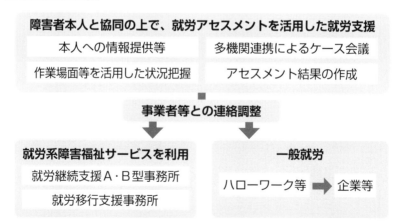

定対象者は、週所定労働時間が20時間以上の障害者に限られていましたが、今回の改正では、週所定労働時間が10時間以上20時間未満の重度身体障害者、重度知的障害者、精神障害者も算定対象者に含めることにしました。これらの障害者については、障害者雇用率の算定に際して、1人をもって0.5人とカウントされます。なお、今回の改正により、特例給付金（週所定労働時間が10時間以上20時間未満の障害者を雇用した場合に支給される給付金）は廃止されます。

・障害者雇用調整金等の見直し

　障害者雇用調整金とは、常時100人超の労働者を雇用する事業主が法定の障害者雇用率を達成した場合、法定雇用障害者の数を超える人数につき一人当たり月額2万7,000円を支給するものです。また、常時雇用する労働者が100人以下の企業については、一定数を超える障害者を雇用した場合、その一定数を超える人数につき一人当たり月額2万1,000円が報奨金として支給されます。今回の改正により、超過人数分に支給される支給額の調整（一部引き下げ）を行うのと同時に、新たな助成金を創設することで、単に法定の障害者雇用率の達成のために障害者を雇用するのではなく、障害者雇用の質の向上のために取り組む事業主への支援を目的とした措置が行われます。

■■ 精神障害者の希望やニーズに応じた支援体制の整備

・医療保護入院の見直し

　医療保護入院とは、精神障害者が医療や保護のための入院が必要な場合、本人の同意が得られなくても、家族等の同意があれば入院させることができる措置です（精神保健福祉法）。また、意思表示を行うことができる家族等がいなくても、市町村長の同意があれば医療保護入院をさせることができます。今回の改正では、さらに、家族等が意思表示を行わない場合（家族等と長期間親交がない場合など）においても、市町村長が同意の可否を判断できるようになりました。

他には、入院中の精神障害者の権利を擁護するための取組みとして、医療保護入院の入院期間を定め、その期間ごとに入院の要件（同意能力や病状など）の確認を行うこと等が定められています。

・入院者訪問支援事業の創設

　市町村長の同意によって医療保護入院をした患者は、家族等との関わりがなく、外部との面会交流の機会がないことにより、孤独感や自尊心の低下を生じることがあります。

　今回の改正では、市町村長の同意による医療保護入院者等の権利擁護を図る目的で、新たに「入院者訪問支援事業」を創設しました。具体的には、都道府県知事等が行う研修を修了した「入院者訪問支援員」が、入院患者本人の希望があった場合に、精神科病院を訪問し、本人の話を聴くことによって必要な情報提供などを行います。

・精神科病院での虐待防止に向けた取組み

　精神科病院において虐待が行われることを防止するため、管理者のリーダーシップの下で、組織全体での取組みをより一層推進するために、以下の①〜④の内容が規定されました。

■ 入院者訪問支援事業 ……………………………………………………

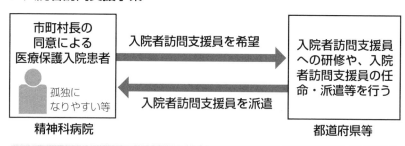

入院者訪問支援員は、精神科病院を訪問し、本人の話を丁寧に聴くことや、生活相談に応じるなどを行い**患者の孤独感や自尊心の低下を軽減すること**により患者の権利擁護を図る

① 職員等への研修や、患者が相談できる体制の整備など、虐待防止に向けての措置の実施を、精神科病院の管理者に義務付け
② 職員から虐待を受けたと思われる患者を発見した人は、速やかに都道府県等に通報することを義務化。あわせて、通報者が不利益な取扱いを受けないことを明確化
③ 都道府県等は、毎年度、職員による虐待状況等を公表する
④ 国は、精神科病院の職員による虐待の調査及び研究を行う

■ 難病患者及び小児慢性特定疾病児童等に対する適切な医療の充実及び療養生活支援の強化

・難病患者等への療養生活支援の強化

　指定難病患者は、各種障害福祉サービスを利用できますが、十分に認知されていないため、サービスを充分に利用できないでいる現状があります。今回の改正では、指定難病患者が各種支援（福祉や就労など）を円滑に利用できるように、指定難病患者のデータを都道府県等に登録する際に、「登録者証」を発行する事業が創設されました。登録者証をマイナンバーと連携させることにより、市町村やハローワーク等において、各種支援を利用することができます。他には、難病相談支援センターの連携主体に、福祉関係者や就労支援関係者を明記すること等が定められ、難病患者等への支援の強化が行われています。

・小児慢性特定疾病児童等への自立支援強化

　都道府県等が行う小児慢性特定疾病児童等の自立支援事業については、任意事業（療養生活支援事業など）の実施率が低いことが課題になっています。今回の改正では、任意事業の実施を努力義務化するとともに、任意事業の実施及び利用を促進するための「実態把握事業」を努力義務として追加する措置が行われています。

■■ データベースの整備に関する規定の整備

　障害者福祉・難病対策の分野においては、医療や介護の分野に比べて、データベースの整備が進んでいない現状がありました。今回の改正では、障害者・障害児・難病患者・小児慢性特定疾病児童のデータベースについて、その作成のための法的根拠が新設されます。また、安全管理措置や第三者提供ルール等の諸規定が新設されるなど、データベースの利活用による調査・研究が強化されます。

■■ 事業者指定や居住地特例の見直し

　地域の障害福祉サービスについて必要なサービスの提供体制を図る目的で、都道府県が行う通所・訪問・障害児サービス等を行う事業者の指定について、市町村が都道府県に対して意見の申し出等ができるようになります。

　また、居住地特例（障害者支援施設等に入所する障害者の支給決定を、障害者が入所前に住んでいる地域の市町村が行うこと）の対象サービスに、介護保険施設等が追加されました（令和5年4月から）。これにより、介護保険施設等の入所者が障害福祉サービスを利用する場合に、施設がある市町村に財政的負担が集中することを防ぎます。

■ 指定難病患者の登録者証 ……………………………………………

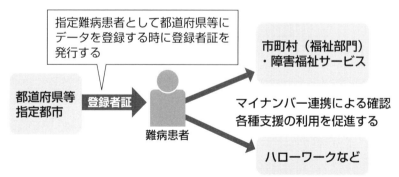

32

6 障害福祉サービスと介護保険の関係について知っておこう

両制度に共通するサービスは介護保険を優先するのが原則

■■ 介護保険とは

介護保険とは、加齢により介護を要する状態になった場合に安心して日常生活を送れるように、保健医療や福祉のサービスを提供する制度です。介護保険の被保険者には、第1号被保険者と第2号被保険者の2種類があります。第1号被保険者は65歳以上の人です。第2号被保険者は40〜64歳の医療保険の加入者とその被扶養者です。

■■ 介護保険と障害福祉サービスは両方受けられるのか

障害者が65歳以上になったときは、介護保険の第1号被保険者として、介護保険の給付対象になります。また、40〜64歳の障害者が特定疾病（身体上または精神上の障害が加齢に伴って生ずる心身の変化に起因する疾病）にかかったときは、介護保険の第2号被保険者として、介護保険の給付対象になる場合があります。そこで、障害福祉サービスと介護保険の関係が問題になります。

両方の対象になった場合は、原則として介護保険の利用が優先されるため、両方の対象になった障害者は、介護保険を優先的に利用することになります。しかし、介護保険には、障害福祉サービスと異なり行動援護や就労移行支援などに相当するサービスがありません。そこで、介護保険が用意していないサービスを必要とする障害者は、障害福祉サービスを利用することができます。

また、介護保険における居宅介護サービス費は、支給に限度が設けられているため、介護保険では適切な支援が受けられない障害者については、不足する部分について障害福祉サービスを上乗せして利用す

ることができます。

　なお、障害福祉サービスを利用している障害者が65歳になると、介護保険の利用が求められますが、その際、障害福祉サービスを提供する事業者が介護保険法に基づく指定を受けていない場合には、障害者が、それまで使い慣れていた事業者とは別の事業者からサービスを受けなければならないなどの不都合が生じていました。現在では、障害者が高齢者になっても、同一の施設でサービスの提供を受けることをめざして、共生型サービスという制度が設けられています。これによって、たとえば、指定障害福祉サービス事業者が介護保険法に基づく指定を容易に得ることが可能なしくみが整えられています。

■■ 介護保険を利用するためにどんな手続きが必要か

　介護保険を利用するには、障害福祉サービスの場合と同様、本人あるいは家族などが、市町村の窓口で申請を行います。ただし、介護保険を利用できるのは、要介護認定（要支援1・2あるいは要介護1〜5のいずれかの認定）を受けた人に限られます。申請の後は、認定調査、1次判定・2次判定の過程を経て要介護認定が行われ、サービスを提供する事業者との間で契約を結ぶと、介護保険が用意するサービスの利用が可能になります。

■ 介護保険と障害福祉サービスの関係 ……………………………

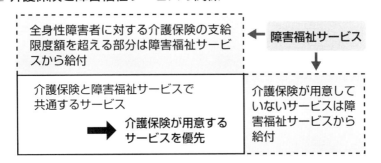

7 共生型サービスについて知っておこう

介護保険サービスと障害福祉サービス等の一体的提供が可能になる

■■ どんなサービスなのか

　共生型サービスとは、障害福祉サービス等（障害者総合支援法や児童福祉法に基づくサービス）の利用者が65歳（特定疾病の場合は40歳）に達して、介護保険制度の対象者になっても、引き続き同じ事業者からサービスを受けることができるしくみです。利用者側から見ると、障害者が原則65歳以上になった後も、引き続き自身が使い慣れている事業者を利用できるメリットがあります。

　事業者側から見ると、介護保険サービスまたは障害福祉サービス等のいずれかのサービスの指定を受けていた場合に、もう一方の内容が共通するサービスの指定も受けやすくなったことを意味します。事業者が、地域の実情や自らの経営状態をはじめとする環境などを考慮し、必要に応じて、双方の事業者としての指定を受けるか否かの選択ができます。そのため、事業者に過度な負担を負わせることなく、地域の実情に合わせて、効率的なサービスの提供が可能になります。

　以上から、共生型サービスは、限りある福祉関係の人材を効率的に配置することができるサービスとしての役割を期待されているといえます。なお、共生型サービスの前提として、障害福祉サービス等と介護保険サービスとの間に重複が見られる場合、介護保険法に基づく後者のサービスが優先的に適用されます（介護保険優先）。

■■ なぜ設けられたのか

　従来は、障害福祉サービスを利用していた障害者が65歳に達し介護保険法の適用対象になった場合には、それ以後は、これまで利用して

いた障害福祉サービス事業者とは別の介護サービス事業者による介護サービスを受けなければなりませんでした。とくに高齢期に差しかかってから、これまで慣れていた施設とは異なる施設でのサービス利用を強制されるしくみであり、利用者の負担が非常に大きいことが問題視されていました。

　これに対して、共生型サービスでは、サービスを提供する事業者は、障害福祉サービス事業者として指定を受けているとともに、介護サービス事業者としての指定も受けていることが前提になります。そのため、障害者総合支援法に基づく障害福祉サービスを利用してきた者が、介護サービスの適用対象者になった後も、引き続き同じ事業者から、サービスの提供を受けることが可能になりました。共生型サービスは利用者のメリットが大きいといえますが、サービスを提供する事業者側にとってもメリットがあります。これまでのように両方のサービスが明確に区別されていた場合には、より多くの職員が必要になります。

　しかし、障害福祉サービスと介護サービスを一体的に提供する共生型サービスでは、両方のサービスを同じ職員が提供することが可能になるため、効率的な人員の配置が可能になります。高齢社会への道を進む我が国では、障害者の高齢化も問題になるため、共生型サービスによって、一体的なサービスの提供が可能になれば、より多くの利用

■ 共生型サービスとは ……………………………………………

〈従来〉別の事業者によるサービスを受けなければならない

65 歳到達後…

障害福祉サービス事業者　　　　　　　介護保険サービス事業者

障害者

〈共生型サービス〉

1 つの事業者

障害福祉サービスと介護保険サービスを一体的に受けられる

者に対して、効率的に必要なサービスを提供することが可能になります。

■■ 対象者・対象サービス

　共生型サービスの対象者は、介護保険制度の対象者になる前に、障害福祉サービス等を利用していた人です。ただし、すべての介護保険サービスが共生型サービスの対象になるわけではない点に注意が必要です。具体的には、以下のように、障害福祉サービス等と内容において共通点が認められる介護保険サービスのみが対象になります。

① 訪問介護

　障害福祉サービス等のうち、居宅介護や重度訪問介護との共通点が認められます。

② 通所介護・地域密着型通所介護

③ 小規模多機能型居宅介護・介護予防小規模多機能型居宅介護・看護小規模多機能型居宅介護のうち通いサービス

■ 共生型サービスの対象 ……………………………………………………

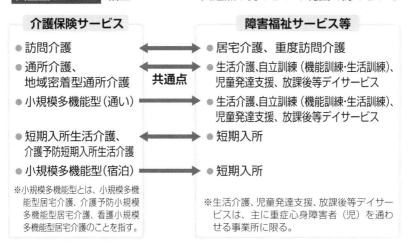

共生型サービス　相互のサービスの共通点が認められる範囲で認められる

介護保険サービス		障害福祉サービス等
●訪問介護	⟷	●居宅介護、重度訪問介護
●通所介護、地域密着型通所介護	共通点 ⟷	●生活介護、自立訓練（機能訓練・生活訓練）、児童発達支援、放課後等デイサービス
●小規模多機能型（通い）	→	●生活介護、自立訓練（機能訓練・生活訓練）、児童発達支援、放課後等デイサービス
●短期入所生活介護、介護予防短期入所生活介護	⟷	●短期入所
●小規模多機能型（宿泊）	→	●短期入所

※小規模多機能型とは、小規模多機能型居宅介護、介護予防小規模多機能型居宅介護、看護小規模多機能型居宅介護のことを指す。

※生活介護、児童発達支援、放課後等デイサービスは、主に重症心身障害者（児）を通わせる事業所に限る。

障害福祉サービス等のうち、生活介護、自立訓練（機能訓練・生活訓練）、児童発達支援、放課後等デイサービスとの共通点が認められます。ただし、生活介護は主として重症心身障害者を通わせる事業所を除き、児童発達支援と放課後等デイサービスは主として重症心身障害児を通わせる事業所を除きます。

④　短期入所生活介護・介護予防短期入所生活介護

⑤　小規模多機能型居宅介護・介護予防小規模多機能型居宅介護・看護小規模多機能型居宅介護のうち宿泊サービス

　障害福祉サービス等のうち、短期入所との共通点が認められます。

■■ 基準や報酬

　共生型サービスは、障害福祉サービス等の利用者が原則65歳以上になった場合、引き続き同じ事業者による介護保険サービスを受けることを可能にすることに意義があります。そこで、サービスを提供する事業者が共生型サービスに対応するには、障害福祉施設としての基準を満たすのと同時に、介護保険施設としての基準も満たすのであれば、共生型サービスを提供する際に問題は生じないといえます。

　しかし、障害福祉施設と介護保険施設とでは、要求される基準に差異があるため、一方の基準を満たさない場合があります。たとえば、障害福祉施設として生活介護サービスを提供する事業者は、主として以下の基準を満たす必要があります。

・専従の管理者の配置が必要です（非常勤でもかまいません）。

・看護職員、理学療法士、作業療法士、生活支援員の総数は、利用者の区分に応じ、ⓐ～ⓒのように基準が異なります。なお、いずれの場合も、生活支援員は常勤を1名以上配置することを要します。

ⓐ　平均障害支援区分が4未満の場合：常勤換算方法で、利用者6名に対して1名（6：1）以上の配置が必要です。

ⓑ　平均障害支援区分が4以上5未満の場合：常勤換算方法で、利用

者5名に対して1名（5：1）以上の配置が必要です。

ⓒ　平均障害支援区分が5以上の場合：常勤換算方法で、利用者3名
　　に対して1名（3：1）以上の割合の配置が必要です。

・訓練や作業室は、訓練や作業に支障のない広さが必要です。

　これに対し、介護保険施設として通所介護サービスを提供する事業者は、主として以下の基準を満たす必要があります。

・常勤かつ専従の管理者の配置が必要です。

・介護職員は、利用者5名に対して1名（5：1）以上の割合の配
　置が必要です（利用者数が15人までの場合は1名以上配置）。また、
　常勤の介護職員を1名以上配置することを要します。

・食堂や機能訓練室の面積は「3㎡×利用定員数」以上が必要です。

　以上のように、障害福祉施設と介護保険施設とを比較すると基準の異なる部分があるため、どちらの基準も満たす場合や、一方の基準は満たしても他方の基準は満たさない場合があります。すなわち、以下の①～③のように3つに区分することができます。

①　介護保険、障害福祉の基準をどちらも満たす場合（共生型サービスⅠ）

②　介護保険、障害福祉のいずれかの基準のみを満たし、満たさない
　　方のサービスの質や専門性を一定程度備えている場合（共生型サー
　　ビスⅡ）

③　介護保険、障害福祉のいずれかの基準のみを満たす場合（共生型
　　サービスⅢ）

　それぞれで、報酬の算定において差異が設けられています。①の場合は、介護保険と障害福祉の制度から、通常どおりの報酬を受けることができます。②の場合は、共生型サービスの報酬を受けることができます。ただし、①の場合に比べて報酬が減額されますが、職員の配置などにより加算を受けることもできます。

　③の場合も同様に報酬が減額されます。現行の障害福祉の基準該当

サービスと同じような扱いとなります。具体的には、障害福祉サービス事業所（生活介護、自立訓練、児童発達支援、放課後等デイサービスに限る）が、基準を満たさない通所介護を提供する場合は、それぞれの事業所に応じて基本報酬から5〜10%減額されます。短期入所の障害福祉サービス事業所が、基準を満たさない短期入所生活介護を提供する場合は、基本報酬から8%減額されます。居宅介護を提供する事業所が、基準を満たさない訪問介護サービスを提供する場合は、訪問介護費と同じ報酬となりますが、訪問介護員の資格により7%または30%減額されます。

■■ どのようにプランをつくるのか

共生型サービスの内容についてプランを作成する場合は注意点があります。それは、障害福祉サービス等のプランを作成するのは相談支援専門員であるのに対し、介護保険サービスのプランを作成するのはケアマネジャー（介護支援専門員）であり、プランの作成担当者が異なる点です。共生型サービスでは、双方のサービスを提供する必要があるため、相談支援専門員とケアマネジャーが情報を共有し、相互に連携をとる体制を確保することが重要といえます。

■■ すべてのサービスが受けられるわけではない

共生型サービスは、障害福祉サービス等と介護保険サービスの相互に共通性が認められるサービスを、利用者に対して一体的に提供することができます。共生型サービスは、主として以下のように分類されています（カッコ内は当てはまる介護保険サービスです）。

① ホームヘルプサービス（訪問介護）

② デイサービス（通所介護、地域密着型通所介護）

③ ショートステイ（短期入所生活介護、介護予防短期入所生活介護）

④ その他のサービス（小規模多機能型居宅介護、介護予防小規模多

機能型居宅介護、看護小規模多機能型居宅介護）

　なお、④については、通い・訪問・泊まり（宿泊）といったサービスの組み合わせを一体的に提供するサービスが当てはまります。

■■ どんなサービスが受けられるのか

　以下では、個別具体の共生型サービスの内容について見ていきましょう。

① ホームヘルプサービス

　ホームヘルプサービスは、障害福祉サービスにおける居宅介護・重度訪問介護（障害児は対象に含まれない）、そして介護サービスについては訪問介護に該当するサービスです。訪問介護員などが、利用者の居宅において入浴・排泄・食事などの介護の他、調理・洗濯・掃除などの家事サービスを提供します。

② デイサービス

　デイサービスは、障害福祉サービスにおける生活介護、児童発達支

■ 共生型サービスの内容 ……………………………………………

共生型サービス

❶ ホームヘルプサービス（訪問介護）

訪問介護員などが、利用者の居宅において入浴・排泄・食事などの介護の他、調理・洗濯・掃除などの家事サービスを提供

❷ デイサービス（通所介護など）

入浴・排泄・食事などの介護の他、生活上の相談や助言などの提供、創作・生産活動、日常生活上の機能訓練などを提供

❸ ショートステイ（短期入所生活介護など）

一時的に利用者が施設を利用することができるサービス

❹ その他のサービス（小規模多機能型居宅介護など）

施設への通いサービスを基本に、必要に応じて、利用者の居宅への訪問サービスや、施設への宿泊サービスを提供

援や放課後デイサービス、自立訓練（機能訓練、・生活訓練）に該当するサービスで、介護サービスについては通所介護、地域密着型通所介護、療養通所介護に該当するサービスです。

　入浴・排泄・食事の介護などの他、生活上の相談や助言などを行います。また、創作活動や単純労働などの生産活動の機会の提供や、日常生活上の機能訓練なども提供されます。

③　ショートステイ

　ショートステイは、障害福祉サービスにおける短期入所、そして介護サービスについては短期入所生活介護や介護予防短期入所生活介護に該当するサービスです。一時的に利用者が、施設を利用することができるサービスです。注意が必要なのは、共生型サービスとして設定されているのは、併設型・空床利用型のショートステイのみであるという点です。

④　その他のサービス

　その他のサービスとしては、介護サービスとして小規模多機能型居宅介護、介護予防小規模多機能型居宅介護、看護小規模多機能型居宅介護が挙げられます。これらのサービスは、施設への通所サービスを基本に、必要に応じて、利用者の居宅への訪問サービスや、施設への宿泊などを組み合わせて提供するサービスです。

　そして、障害福祉サービスについては、ⓐ通所サービスとして生活介護、児童発達支援や放課後デイサービス（主に重症心身障害者や重症心身障害児を通所させる事業所は除きます）、自立訓練（機能訓練、・生活訓練）、ⓑ訪問サービスとして居宅介護や重度訪問介護、ⓒ宿泊サービスとして短期入所が該当します。

第2章

障害福祉サービスの
しくみ

サービスはどのように利用するのか

利用者は必要なサービスを組み合わせて利用することになる

■■ 人によって受けたいサービスは異なる

　障害者総合支援法によって受けられるサービスは、サービスの利用方法によって日中活動、居住支援、居宅支援、相談等支援、医療支援、補装具等支援のカテゴリに分けることができます。

　実際には、利用者は、これらのサービスの中から必要なサービスを組み合わせて利用することになります。たとえば、日中は療養介護を利用して夜間は施設入所支援を利用するといった具合です。

　それぞれ、介護給付（障害がある人に対する介護の給付のこと。居宅介護や重度訪問介護など）や訓練等給付（リハビリや就労につながる支援のこと。自立訓練や就労移行支援など）、地域生活支援事業（障害者や障害児が自立した地域生活を営むことを支援する事業のこと。移動支援事業や意思疎通支援事業など）などから支援が行われることになります。また、障害をもつ18歳未満の者（障害児）に対しては、児童福祉法による障害児通所支援（児童発達支援、放課後等デイサービスなどの必要な支援を受けられる制度）や、障害児入所支援などのサービスが行われます。

■■ 自宅で生活支援をしてもらうことはできるのか

　居宅における生活支援とは、障害者が住みなれた家庭で日常生活を送れるように支援するサービスです。

　介護給付による支援で居宅支援に関するサービスには、居宅介護（障害支援区分１以上の障害者や障害児が利用者）、重度訪問介護（障害支援区分４以上・二肢以上にまひがある人などが利用者）、同行援

護（移動が困難な視覚障害者が利用者）、行動援護（知的障害者や精神障害者が利用者）、重度障害者等包括支援（常時介護が必要な障害者や障害支援区分6以上の意思疎通が困難な者などが利用者）、短期入所（障害支援区分1以上の者が利用者）があります。

このうち、**居宅介護**とは、障害をもつ人が住んでいる居宅において受けることのできるサービスです。そして、居宅介護は、身体介護、家事援助、通院等介助、通院等乗降介助の4種類に分類可能です。身体介護・家事援助は、入浴・排泄・食事・洗濯・掃除などの援助を通し、対象者の生活を支えるサービスです。通院等介助・通院等乗降介助は、病院・診療所への定期的な通院や公的手続き・相談のため官公署（役所）を訪れる際に利用できるサービスです。車両への乗車・降車の介助、通院先での受診の手続きなどを行います。

居宅介護を利用することができる具体的な対象者は、18歳以上の場合は障害支援区分1以上の人で、18歳未満の場合は、身体障害者手帳所持者や精神障害者などの障害児に限られます。65歳以上の人など介護保険の対象者については、介護保険による訪問介護で類似のサービスを受けることができます。自治体によっては、対象者が障害児の場

■ **自宅での生活を支援するサービスとその内容** ………………………

サービス名	内　容
居宅介護	居宅における身体介護・家事援助・通院介助など
重度訪問介護	重度障害者が自宅で生活するための総合的な支援
同行援護	視覚障害者の外出時に必要となる情報の提供や移動同行
行動援護	移動時の問題行動に対する援助・介護
重度障害者等包括支援	寝たきりなどの重度障害者に対し複数のサービスを包括的に行う
短期入所	介護者の不在時に一時的に施設で生活する

合は、ホームヘルパー派遣時に保護者が在宅（通院の場合は同行）していることが必要です。

　なお、居宅介護を行う事業所が、質の高いサービスや、中山間地域の居宅者へのサービスを提供した場合は、事業者は通常の報酬に加算した金額を設定することが可能です。事業所の経営的判断により、サービスの提供に偏りを生じさせないための配慮といえます。

　これに対して、地域生活支援事業による支援で居宅支援に関するサービスには、移動支援事業（介護給付による個別の給付で対応できない複数名の移動や、突発的に必要が生じた場合の移動支援を行うサービス）、日中一時支援事業（一時的に支援が必要となった人に、社会適応訓練、見守り、日中活動の提供、送迎などのサービスを行うサービス）、意思疎通支援事業（手話通訳や要約筆記者の派遣、手話通訳の設置支援などを行うサービス）があります。

■■ 夜間の居住支援をサポートするサービス

　居住支援とは、入所施設などで夜間に居住する場を提供するサービスのことです。居住支援については、介護給付、訓練等給付、地域生活支援事業から以下の支援が行われます。

　まず、介護給付（介護に対する費用の支給のこと）による支援として、施設に入所する人に、入浴や排泄、食事などの介護を行う施設入所支援があります。訓練等給付（就労につながるような支援のこと）によるものとして、自立生活援助、共同生活援助（グループホームを利用する障害者に対しては、共同生活をする賃貸住居で、相談や日常生活上の援助）が行われます。

　地域生活支援事業による支援で夜間の居住支援に関するサービスには、福祉ホーム（障害者に対して低額な料金で居室を提供している施設のことで、民間の事業者が運営しています）による日常生活の支援や、入居後の相談支援を行う居住サポート事業（賃貸借契約による一

般の住宅に障害者が入居することを支援する事業）があります。

日中活動を支援するためのサービス

日中活動は、入所施設などで昼間の活動を支援するサービスです。介護給付による支援と、訓練等給付による支援及び地域生活支援事業による支援があります。介護給付による支援には、療養介護と生活介護があります。訓練等給付による支援には、自立生活援助、自立訓練、就労移行支援、就労継続支援があります。また、地域生活支援事業による支援として、地域活動支援センター機能強化事業による支援があります。

医療支援や用具の支給を受けるサービス

障害をもつ人は以下のような医療支援や用具の貸与・支給サービスを受けることができます。

・医療支援

障害の軽減を図り、日常生活や社会生活において自立するために必要な医療を提供する自立支援医療（障害の軽減を図り、日常生活や社

■ 日中活動の支援について ……………………………………………

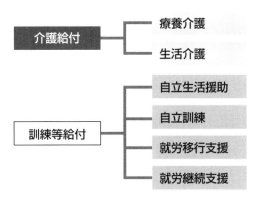

会生活を自立して営むために必要な医療が提供されるサービスで、障害者や障害児が利用者）と、療養介護医療（医療の他に介護を受けている場合に、医療費の部分について支給される給付で、ALSなど常時介護を必要とする身体障害者が利用者）があります。

・用具の貸与・支給

　日常生活で必要になる用具の購入・修理にかかる費用については、自立支援給付により、補装具費（車いす、義肢、補聴器などのための費用で、身体障害者が対象になります）として支給されます。補装具は購入するのが原則ですが、貸与が適切と考えられる場合（成長にともなって交換が必要となる障害児など）については、貸与も補装具費の支給対象になります。その他、重度の障害がある人は、地域生活支援事業により、市町村から日常生活に必要な用具のレンタルまたは給付（身体障害者が利用者）を受けることができます。

■■■ 相談支援のサービスにはどんなものがあるのか

　障害により、障害福祉サービスの利用を検討するにしても「多様なサービスの中からどのようなサービスを利用するのが適切か」ということについて利用者が判断するのは容易なことではありません。このような場合に、活用できるのが一般的な相談やサービス利用計画の相談などを行う相談支援のサービスです。

　相談支援のサービスにもさまざまなものがあり、障害福祉サービスとしての計画相談支援・地域相談支援と、地域生活支援事業としての相談支援事業があります。地域生活支援事業による支援は、市町村と都道府県により行われます。市町村が、障害のある人やその保護者のさまざまな相談に応じ、必要な情報の提供や助言を行います。市町村自ら行う場合と市町村から委託を受けた業者によって行われる場合があります。市町村の枠を超えた相談支援は、都道府県によって行われます。

■ 障害者へのサービス（介護給付・訓練等給付により行われるもの）…

居宅支援	居宅介護：身体介護・家事援助・通院等介助・通院等乗降介助を行う
	重度訪問介護：重度の障害者が、自宅で日常生活を営むことができるように、総合的な支援を行うサービス
	同行援護：視覚障害者に同行などを行うサービス
	行動援護：自己判断能力が制限されている障害者に移動・外出時に必要な援助を行うサービス
	重度障害者等包括支援：重度障害者に対して複数のサービスを包括的に行う支援
	短期入所：施設で短期間生活する際に受けることのできるサービス
居住支援	施設入所支援：施設入所者に夜間を中心に排泄や入浴、食事の世話を行うサービス
	共同生活援助：地域の中で障害者が集まって共同で生活する場を設け、生活面の支援をするサービス
	自立生活援助：一人暮らしに必要な生活力などを養うために、必要な支援を行うサービス
日中活動	療養介護：難病患者や重症心身障害者に医療・介護を行うサービス
	生活介護：昼間に施設で介護や生産活動のサポートを行うサービス
	自立訓練（機能訓練）：一定期間、身体機能の維持回復に必要な訓練を行う
	自立訓練（生活訓練）：一定期間、生活能力の維持と向上に必要な訓練を行う
	就労移行支援：就労に必要な能力や知識を得るための訓練を行う
	就労継続支援Ａ型：一般企業に就労するのが困難な障害者に行う就労等の機会の提供
	就労継続支援Ｂ型：雇用契約を結ばずに、就労の機会や居場所を提供し、就労支援を行う
	就労定着支援：就労に伴う生活面の課題に対して支援を行う
医療支援	自立支援医療費：障害の軽減を目的とする医療費の公費負担制度
	療養介護医療費：医療の他に介護が必要な障害者に支給される
補装具支援	補装具費：義肢、装具、車椅子などの給付についての費用を補助する制度
相談支援	計画相談支援給付費：サービス等利用計画（案）の作成・見直し
	地域相談支援給付費：地域の生活に移行できるようにするための支援（地域移行支援）と常時の連絡体制の確保などのサービス（地域定着支援）

※上表の他、自治体の地域生活支援事業により行われる各種の給付もある

2 居宅介護について知っておこう

在宅の重度障害者に訪問介護や移動支援を総合的に提供する

■ 居宅介護とは

　居宅介護とは、障害者の自宅において提供されるサービスをいいます。そのため、ホームヘルプとも呼ばれています。障害者福祉における重要な視点に、障害者が地域で自律的に生活することができる社会を実現することが挙げられます。つまり、必要な支援を行うことで、障害者が、常に障害福祉サービス事業所に通い詰めるのではなく、自宅を中心に、地域社会の中で、自由な生活を送ることを保障するためのサービスだといえます。

　居宅介護の対象になるのは、障害支援区分が1以上の人です。ただし、居宅介護のうち、身体介護を伴う通院等介助が必要な人については、障害支援区分2以上にあたる必要があるとともに、障害支援区分の認定調査項目について、以下の事項のうち、1つ以上の認定を受けている必要があります。

・**歩行に関して**

　全面的な支援が必要であると認められることが必要です。

・**移乗・移動に関して**

　見守りなどの支援が必要、全面的な支援が必要であるか、あるいは、部分的に支援が必要であると認められることが必要です。

・**排尿・排便に関して**

　全面的な支援が必要であるか、部分的な支援が必要であると認められることが必要です。

▓▓ サービスの内容や特徴

　具体的に、居宅介護は、ホームヘルパーが障害者の自宅に訪問し、必要なサービスを提供するという形態がとられています。居宅介護は、身体介護、家事援助、通院等介助、通院等乗降介助の4つに分類できますが、以下のように介護が必要な局面に応じて分類可能です。

・障害者の身の回りの介護

　ホームヘルパーは、障害者の食事・排泄・入浴 あたり、介助を行います。その他、障害者の生活全体を通じて相談に応じるとともに、必要なアドバイスを提供します。

・障害者の日常生活に対する介護

　ホームヘルパーは家事全般（食事の調理や掃除・洗濯など）を担うとともに、食料や日用品の購入なども行います。

・通院・社会生活を送る上での必要なサポート

　居宅介護は、原則として障害者の自宅において行われるサービスですが、障害者の社会生活をサポートするという目的があるため、障害者が外出するときにも、必要な支援を行います。たとえば、身体障害により移動が困難な障害者は、定期的に通院が必要な場合があります。その場合には、ホームヘルパーが移動介助などを行います。その他にも、選挙の投票や、役所などの行政機関での必要な手続きなどについても、ホームヘルパーによる移動介助などを受けることができます。

■ 居宅介護 ⋯⋯⋯⋯⋯⋯⋯⋯⋯⋯⋯⋯⋯⋯⋯⋯⋯⋯⋯⋯⋯⋯⋯⋯⋯⋯⋯⋯⋯

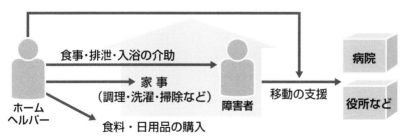

3 重度訪問介護について知っておこう

在宅の重度障害者に訪問介護や移動支援を総合的に提供する

■■ 重度訪問介護とはどんなサービスなのか

　重度訪問介護は、重度の障害者が、自宅で日常生活を営むことができるように、入浴、排泄、食事などの介護、調理、洗濯、掃除などの支援を行います。ヘルパーなどが自宅に訪問する居宅介護と支援内容はほとんど同じです。居宅介護との相違点は、重度訪問介護の支援の中で外出時の移動支援や、入院時の支援なども総合的に行う点です。そのため、重度訪問介護を利用する場合は、居宅介護、同行援護、行動援護の支援は併用できません。また、平成30年（2018年）の法改正で入院時の支援が追加されました。入院時の支援とは、コミュニケーションに特別な技術を持つ障害者の支援に熟知しているヘルパーが入院中も付き添い、医療従事者などとのコミュニケーションの支援をすることで、入院中であってもいつもと同じ介護を受けることが可能になっています。障害のある人にとって、環境の変化をもたらす入院は、強い精神的なストレスにつながるため、入院時の介護はメリットが大きいといえます。

　重度の障害者の場合、常時介護が必要な状態のため、ホームヘルパーは長時間にわたって見守りを行う必要があります。そのため、24時間サービスを受けることが可能なしくみになっています。

　重度な障害者が、住み慣れた地域、自宅で住み続けていくためには重度訪問介護は必須のサービスとなっています。しかし、重度の障害で医療との連携も深く、専門的知識を要する人材が不足したり、支援の特性上、長くサービスを提供するため単価が低くなってしまうなど、重度訪問介護の事業所が増えない課題があります。

■■ 支援の対象はどういった障害者なのか

　重度訪問介護はより重い症状をもつ障害者に対するサービスで、重度の肢体不自由者などで、常に介護を必要としている人が対象になります。

　具体的には、障害支援区分4以上であって、二肢以上にまひなどがあり、障害者支援区分の認定調査項目のうち「歩行」「移乗」「排尿」「排便」のいずれも支援が不要以外と認定されていること、が条件とされています。なお、入院時の支援を受ける場合は、障害支援区分が6以上で入院前から重度訪問介護を利用している必要があります。

　重度の肢体不自由者だけでなく、知的障害者や精神障害者も対象となっています。その場合は、障害支援区分4以上であって、障害者支援区分の認定調査項目のうち行動関連項目等（12項目）の合計点数が10点以上である必要があります。行動関連項目等とは、コミュニケーション、説明の理解、異食行動、大声・奇声を出す、多動・行動停止などの12項目を0〜2点で評価します。

■ 重度訪問介護 ………………………………………………………………

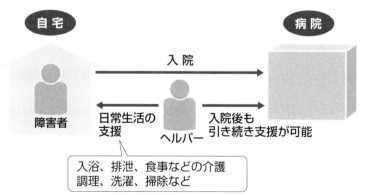

4 同行援護について知っておこう

視覚障害者の外出支援の範囲が決められている

▓▓ 同行援護とはどんなサービスなのか

　視覚障害者にとって、外出をすることは困難で家に閉じこもりがちになってしまう傾向があるようです。障害者の自立をめざす上で望ましいとはいえません。また、国や地方公共団体によって、公共交通機関や歩道などのバリアフリー化が進められていますが、安心して外出できるレベルには達していないのが現状ではないでしょうか。

　そこで**同行援護**によって、視覚に障害があり、移動が困難な障害者が生活できるよう、障害者が外出する際に必要な情報を提供したり、障害者の移動に同行したりして支援を行います。今までは視覚障害者への移動支援という位置付けでしたが、平成23年（2011年）の法改正によって、外出中や外出先での視覚情報の支援という位置付けになりました。

　同行援護を利用できる対象者は、視覚障害により、移動に著しい困難を有する障害者などです。さらに、同行援護アセスメント調査票によって、調査項目中の「視力障害」「視野障害」「夜盲」のいずれかが1点以上であるとともに、「移動障害」の点数が1点以上である必要があります。身体介護がともなわない場合は、障害者認定区分がなくても利用可能となっています。

　これに対して、身体介護がともなう場合には、障害支援区分が2以上の障害者が対象です。さらに、障害支援区分の認定調査項目において、「歩行」「移乗」「移動」「排尿」「排便」について、いずれか1項目でも支援が必要な状態であることが必要です。

54

■■■ 同行援護の対象になる外出とは

　視覚障害者などの外出時に付き添うヘルパーは、移動中や目的地において、移動の介護、排泄、食事の介護、代筆・代読、危険回避のために必要な支援を行います。外出を支援するサービスだけでなく、移動先での代筆や代読も提供できる点が特徴で、役所や病院などで何かを読んでもらうことが可能です。ただし、すべての外出が支援の対象になるわけではなく、通勤や営業活動などのための外出、一年を通じた長期の外出の他、パチンコに行くなど、同行援護の対象に社会通念上（常識的にみて）不適切な外出は対象になりません。具体的に同行援護の支援範囲となるのは、日常生活での買い物や通院、公的機関・銀行などへの外出、社会参加、余暇活動・スポーツなどです。なお、原則として１日の範囲内で用務を終えるものでなければなりません。

　また、支援サービスの始まりと終わりの場所は、自宅でなくてもよく、病院から自宅までの支援でも可能とされています。

　介護保険の対象者でも、同行援護を利用できる場合があります。同行援護のサービス内容は、介護保険サービスの中にないからです。しかし、買い物や通院などの場合、介護保険サービスの訪問介護と重なる部分が多く、市町村によっては認められない可能性もあります。

■ 同行援護 ･･･

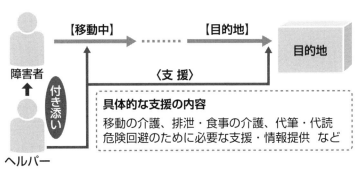

5 行動援護について知っておこう

障害者の行動にともなう危険回避の援助を行う

■■ 行動援護とはどんなサービスなのか

　行動援護は、知的障害や精神障害により行動上著しい困難があり、常時介護を必要とする障害者に対して提供します。支援内容は、移動する際に生じる危険を回避するために必要な援助や、外出時における移動中の介護などを行うことです。

　行動援護の具体的なサービスは、制御的対応、予防的対応、身体介護的対応に分けられます。制御的対応とは、障害者が突然動かなくなったり、物事に強いこだわりを示すなどの問題行動に適切に対応することをいいます。予防的対応とは、障害者が初めての場所で不安定になったり、不安を紛らわすために不適切な行動を起こさないように、前もって不安を取り除く対応をいいます。そして、身体介護的対応とは、便意の認識ができない障害者の介助、食事介助、衣類の着脱の介助などを指します。場合によっては、情緒不安定に陥り自傷行為を行うケースもあるため、他人に対する危険以外にも注意を配らなければなりません。この制御的対応や予防的対応が、移動する際に生じる危険を回避するために必要な援助に該当します。

　知的障害者や精神障害者は、障害の程度によって自分の行動や感情をコントロールすることが難しい場合があります。たとえば、突然泣き出したり、大声を出したり、相手に危害を加えたりすることがあります。また、日々のルーティンと異なることで不安になる場合もあります。そういった状況において、制御的対応や予防的対応を主とした行動援護をうまく活用することで、知的障害者や精神障害者も社会生活を過ごすことができます。

■■ 対象者となる障害の程度とは

　対象になるのは行動上著しい困難を有する障害者です。具体的には、障害支援区分が3以上で、障害支援区分の認定調査項目のうち行動関連項目等（12項目）の合計点数が10点以上である者が対象となります。なお、障害児については、これに相当する支援の度合いであれば対象となります。

　実際の対象者の例としては、統合失調症などを有しており、危険回避などができない重度の精神障害者、てんかんや自閉症などを有する重度の知的障害者、そして自傷・異食・徘徊などの危険を有する人などが挙げられます。

　障害者の特性に合わせて、制御的行動や予防的対応を行わなければならないため、行動援護を行うヘルパーも高い知識と経験が必要になってきます。令和3年4月以降は、ヘルパーの資格要件として養成研修を修了し、かつ、知的障害者や精神障害者への直接処遇経験が1年以上必要となります。よりよい支援を行うため、資格要件を厳しくしています。経過措置として、介護福祉士など一定の資格と直接処遇経験2年以上があれば行動援護を提供できます（令和6年3月まで）。

■ 行動援護 ･･

	制御的対応	⇒ 問題行動に対する対応
行動援護	予防的対応	⇒ 不安による問題行動の予防
	身体介護的対応	⇒ 排泄の介助・食事介助・衣類の着脱の介助

【対象】　感情・行動の制御が難しい知的障害者・精神障害者の移動にともなう介護

6 重度障害者等包括支援について知っておこう

複数のサービスを組み合わせて利用する

重度障害者等包括支援とはどんなサービスなのか

重度障害者の場合、多くの介護や支援が必要となるケースが多く、想定していなかったサービスが急に必要になる可能性も高いといえます。そのため、対象者が日常生活においてさまざまなサービスを、心身の状態などに合わせて臨機応変に利用できることが必要になります。つまり、重度障害者等包括支援の対象者は、居宅介護、同行援護、重度訪問介護、行動援護、生活介護、短期入所、自立生活援助、共同生活援助、自立訓練、就労移行支援及び就労定着支援といった複数のサービスを包括的に利用できます。

重度障害者等包括支援のサービスの対象者は、障害支援区分6に該当し、意思疎通が著しく困難な障害者です。その上で、重度障害者をⅠ類型、Ⅱ類型、Ⅲ類型に分類しています。重度障害者等包括支援事業者は、運営規定の中で事業の対象者としてⅠ～Ⅲ類型を明記する必要があります。

Ⅰ類型とⅡ類型は、四肢すべてに麻痺があり、常時寝たきり状態である者です。さらに、Ⅰ類型の場合は、筋ジストロフィーや脊椎損傷など人工呼吸器で呼吸管理をしている身体障害者が該当します。Ⅱ類型は、最重度の知的障害者が該当します。

Ⅲ類型は、障害支援区分の認定調査項目の行動関連項目により判断され、強度行動障害者などが該当します。

事業者は具体的にどのように支援を行うのか

重度障害者等包括支援は複数のサービスを組み合わせて提供されま

す。具体的には、朝夕の食事などの介護を重度訪問介護、日中は事業所へ移動し、入浴などの生活介護をそれぞれ行い、切れ目のないサービスを提供します。また、家族の入院など緊急時や障害者本人の通院時は、重度訪問介護で夜間の見守りや通院支援を行います。家族の介護負担を減らすために、泊まりの短期入所を組み合わせる場合もあります。すべての事業を同一の事業所で提供することは難しい場合は、他事業所と連携して提供することも可能です。その場合においても、利用者の状態変化で生じたニーズに臨機応変に対応する体制や、緊急なサービス内容の変更への調整を行えるように事業所間で連絡を密にしておく必要があります。

　しかし、事業所側にとっては、複数のサービスの提供に加え、急に介護や支援が必要になった場合の緊急の要請にも備えなければならないため、非常に負担の大きいサービスです。そのため、実施事業者数、利用者数ともに伸び悩んでいるのが現状です。

　なお、利用者は原則として1割の利用料を負担しますが、一定の金額を上限として定め、利用者の負担が過度にならないように配慮しています。その際には、利用者の所得（18歳以上の障害者は本人と配偶者の所得）を基準に上限額を算定します。

■ **重度障害者等包括支援** ……………………………………………

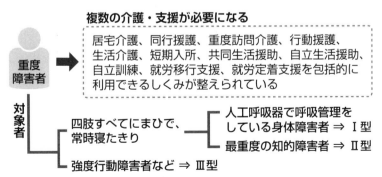

7 短期入所について知っておこう

介護者のリフレッシュも兼ねる

■■ 短期入所とはどんなサービスなのか

短期入所は、通常、自宅での介護サービスを受けている人が、その介護者の病気、冠婚葬祭への出席、公的行事への参加などの理由から、施設で短期間生活する際に受けることのできるサービスのことで、ショートステイとも呼ばれます。介護者が不在となる障害者を、一時的に預かり、必要に応じて排泄、食事、入浴などの介護や支援を行います。また、急速な高齢社会が進み、障害者の介護にあたる家族の高齢化も進んでいます。短期入所は、家族の介護の負担軽減を図る制度としても期待されています。

このサービスは、福祉型と医療型に分かれています。どちらも身体障害者、知的障害者、精神障害者を問わず利用することができます。

まず福祉型は、障害者支援施設などで実施されており、対象になるのは、障害支援区分1以上の障害者、または、障害児に必要とされる支援の程度に応じて厚生労働大臣が定める区分において、区分1以上に該当する障害児です。そして医療型は、病院、診療所、介護老人保護施設で実施されており、対象者は遷延性意識障害児（者）や重症心身障害児（者）などです。

短期入所サービスを利用できる日数は、各市町村の判断によって決定されます。なお、短期入所は介護者の急用などで突然利用が必要になることも多いため、すぐに利用予定がない場合でも、事前に利用申請をしておくことができます。

短期入所サービスは、地域社会において必要不可欠なサービスとなっています。一般的には障害者支援施設に併設しているため、設備

や人員面に関しても安心してサービスを利用することができます。

■■ 短期入所サービスの役割とは

　サービスの利用理由は、介護者の病気など、緊急、臨時的に介護が必要という理由だけでなく、旅行や休息など、ふだん介護に疲れている家族がリフレッシュすることを目的としたものでもかまいません。家族がリフレッシュするために、一時的に介護を離れられるよう、障害者を預かることを**レスパイトケア**といいます。

　近年では、介護のため時短勤務や、場合によっては離職して介護をしなければならないケースが増えてきました。日本では家族が介護をするという考え方がまだまだあるからです。しかし、短期入所サービスのように気軽にレスパイトケアとして利用することが可能なサービスが増えてくれば、そういった介護者の負担軽減になり、介護者の社会進出も可能になります。

　短期入所サービスは、障害者の一時的な介護や支援を提供するだけでなく、介護者の受け皿として機能する身近なサービスでもあります。

■ 短期入所 ･･･

短期入所

福祉型
障害者支援施設などで実施
（対象）障害支援区分１以上の障害者など

医療型
病院・診療所・介護老人保護施設で実施
（対象者）遷延性意識障害者・重症心身障害者など

役　割
●介護者の病気、冠婚葬祭への出席、公的行事への参加などの緊急な場合に、施設などで必要なサービスを臨時に受けることができる
●介護に疲れた家族のリフレッシュのために利用する（レスパイトケア）

8 療養介護について知っておこう

医療機関で介護と医療的ケアを行う

■■ 療養介護とはどんなサービスなのか

　療養介護とは、「障害者総合支援法」で定められた自立支援給付のうち、介護給付に含まれる障害福祉サービスです。障害の種類によっては、食事介助や排泄の介助だけでなく、医療的なケアを要する障害もあります。具体的には、ALS（筋萎縮性側索硬化症）や筋ジストロフィー患者、重症心身障害者が該当します。つまり、長期の入院が必要である障害者のためのサービスとなっています。

　療養介護では、難病患者や重症心身障害者が、病院などの医療機関に長期入院して、機能訓練や看護などの医療的ケアとともに、食事や排泄などの介護を受けることができます。つまり、日常的な介護の他に、医療行為の提供などを受けることができ、これを療養介護医療と呼んでいます。

　療養介護の対象者は、ALSなどを患っており、気管切開をともなう人工呼吸器による呼吸管理をしている人で障害支援区分6の人、または筋ジストロフィー患者か重症心身障害者で障害支援区分5以上の人で、いずれの場合も長期入院や常時の介護を必要とする人を対象としています。

　療養介護を利用するためには市町村に申請し、障害支援区分についての認定を受けなければなりません。障害支援区分には有効期間があり、3か月から3年の期間内で期間が決定されます。さらに支給を受けるためには、指定特定相談支援事業者が作成したサービス等利用計画案を提出し、支給決定を受けなければなりません。サービスの利用開始後も、利用者の実情に合ったサービスを提供するため、事業者は

6か月ごとにモニタリングを行い、利用計画を見直します。支給決定の更新もそれに基づいて決定されます。

■■ 療養介護も選択肢のひとつになっている

　療養介護は、医療的ケアを必要とする障害者が長期入院をすることを想定して作られたサービスです。医療の発達や機能訓練などで、必ずしも療養介護を利用しなければならないわけではありません。筋ジストロフィー患者の中には、自らの意思で療養介護を継続した人もいれば、自宅で自立生活を送っている人もいます。なお、自立生活を行う場合は、重度障害者等包括支援を利用することになります。

　難病患者や重症心身障害者は、体を動かすことや意思疎通が困難な場合があります。しかし、「こういう生活がしたい」という意思や感情までなくなったわけではありません。障害が重いから入院しかできないではなく、療養介護はあくまで選択肢のひとつであり、障害者本人の意思を優先し、望んでいる生活が可能となるサービスや支援の拡充が必要となっています。

■ 療養介護 ···

【対象】長期入院・常時介護が必要な障害者
- ●ALS（筋萎縮性側索硬化症）などにより気管切開をともなう人工呼吸器による呼吸管理をしている障害支援区分6の人
- ●筋ジストロフィー患者・重症心身障害者で障害支援区分5以上の人

受けられるサービス

〈日常的な介護〉
食事、入浴、排泄の管理など

＋

〈療養介護医療〉
医療行為や看護など

9 生活介護について知っておこう

日常生活の介護から創作的活動まで支援する

■■ 生活介護とはどんなサービスなのか

　生活介護とは、障害者総合支援法で定められた自立支援給付のうち、介護給付に含まれる障害福祉サービスです。昼間に障害者支援施設など適切にサービスを行うことができる施設で、排泄や入浴、食事などの基本的な日常生活上の介護だけでなく、対象者の生産活動や創作的活動のサポートも受けられます。施設に入所している障害者も昼間、生活介護を利用することができます。

　生活介護の対象者は、常時の介護を必要とする身体障害、知的障害、精神障害にかかわらず、障害支援区分3以上の人です。生活介護は施設入所者の場合、障害支援区分4以上の人が対象になります。4以下の場合でも、市町村により生活介護と入所している施設からの支援を組み合わせて利用することが必要と判断されれば対象となります。また、年齢が50歳以上の場合は、障害支援区分2以上（施設入所の場合は3以上）で利用が可能です。障害児の利用はできません。

　施設には利用者の障害支援区分に応じて、看護師、理学療法士、作業療法士などが配置されています。

　生活介護を利用するためには市町村に申請し、障害支援区分についての認定を受けなければなりません。障害支援区分の有効期間、支給を受けるための過程については療養介護と同じです（62ページ）。療養介護と同様にモニタリングが行われますが、生活介護の場合は、療養介護と同様、通常6か月ごとにモニタリングが行われます。

■■ 生産活動や創作的活動の意義とは

　生活介護の特徴は、日常生活上の介護だけでなく、生産活動や創作的活動を提供することにあります。つまり、障害者が日常生活を送る上で必要な介護などを提供するとともに、さまざまな活動に取り組み、社会参加への足がかりを作ることに目的があります。生産活動や創作的活動の具体例としては、手芸などの自主製品の製作や、パンやクッキーの製造、趣味活動などのサポート、企業からの内職など多種多様な活動があります。

　こうした活動は、製作や内職をして工賃を稼ぐためではなく、健康の維持・増進、自立に向けた自信や生活意欲の醸成、経験値の拡充などの目的があります。

　生活介護の利用者は、比較的、障害支援区分が高い人が多く、この生産活動や創作的活動の内容を充実させることは、前述した目的達成のために重要な要素になります。たとえば、内容を充実させるために、製作をただの作業で終わらせず、創作活動の成果を発表する場を設ける、就労支援施設との連携を図るなどが考えられます。

■ 生活介護 ……………………………………………………

障害支援区分３以上の人　など

【生活介護】
主に昼間に提供されるサービス

障害者支援施設など　　　　　　　　　　　　　　　　　対象障害者

日常生活上の介護	生産活動・創作的活動
排泄、入浴、食事などの介護	（例）手芸などの自主製品の製作、パンやクッキーの製造、企業からの内職 など

自立訓練について知っておこう

機能訓練と生活訓練では対象者が違う

■■ 自立訓練（機能・生活訓練）とはどんなサービスなのか

　自立訓練とは、自立支援給付のうち、訓練等給付に含まれる障害福祉サービスです。病院や施設を退院した人が、地域社会で自立した生活を営むことができるように、身体機能の訓練や生活能力の維持・向上のためのサービスが受けられます。自立訓練は、身体障害者を対象とした機能訓練と、知的障害者・精神障害者を対象とした生活訓練に分けられます。

・機能訓練

　機能訓練とは、身体障害者の身体機能の維持回復に必要な訓練を行うサービスです。具体的には、理学療法士や作業療法士によるリハビリテーションや、日常生活を送る上での相談支援などを行います。利用者の状況に応じて、通所と訪問などのサービスを組み合わせて訓練を行います。

　機能訓練のサービスを利用するためには、指定特定相談支援事業者が作成したサービス等利用計画案を市町村に提出し、支給決定を受けなければなりません。障害支援区分は必要ありませんが、サービスの長期化を防ぐため18か月間の標準利用期間が設定されています。また、利用者が安定して地域生活を営むことができるように、定期的な連絡・相談を行うため、原則として３か月ごとにモニタリングが実施されます。

・生活訓練

　生活訓練とは知的障害者と精神障害者の生活能力の維持と向上に必要な訓練を目的とした障害福祉サービスです。地域の中で生活をする

ために、事業所への通所や利用者の自宅への訪問を通じて必要な訓練を実施します。具体的には、食事や家事など日常生活能力を向上させるための訓練を行います。

　生活訓練のサービスを利用するためには、指定特定相談支援事業者が作成したサービス等利用計画案を市町村に提出し、支給決定を受けなければなりません。障害支援区分は必要ありませんが、サービスの長期化を防ぐため24か月間の標準利用期間が設定されています。この標準利用期間は、長期間、入院・入所していた人については36か月間に延長されます。また、定期的な連絡・相談を行うため、機能訓練と同様、原則として3か月ごとにモニタリングが実施されます。なお、生活訓練には、積極的な地域移行を図ることを目的として、施設に宿泊して夜間における生活訓練を行う宿泊型自立訓練も設けられています。

■ 機能訓練と生活訓練の違い

	機能訓練	生活訓練
利用者	地域生活を営む上で、身体機能・生活能力の維持・向上等の必要がある身体障害者。以下の①②などが主な対象者。 ①病院・施設などを退院（所）した者で、身体的リハビリテーションの継続や身体機能の維持・回復などの支援が必要な者 ②特別支援学校を卒業した者で、身体機能の維持・回復などの支援が必要な者	地域生活を営む上で、生活能力の維持・向上等の必要がある知的障害者・精神障害者。以下の①②などが主な対象者。 ①病院・施設などを退院（所）した者で、生活能力の維持・向上などの支援が必要な者 ②特別支援学校を卒業した者や継続した通院により症状が安定している者で、生活能力の維持・向上などの支援が必要な者
サービス内容	身体的リハビリテーションの実施　など	社会的リハビリテーションの実施　など

11 就労支援について知っておこう

障害者が就労するのに必要な知識や技能に関する支援を行う

■■ 就労移行支援とはどんなサービスなのか

就労移行支援とは、障害者総合支援法で定められた自立支援給付のうち、訓練等給付に含まれる障害福祉サービスです。主として就労を希望する障害者が、就労に必要な知識や能力の向上のために必要な訓練その他の便宜の供与を受けることができます。

就労移行支援の対象者は、65歳未満の障害者で、一般就労（企業や公的機関への就職）を希望する人や、技術を習得して在宅で就労・起業を希望する人を想定しています。ただし、65歳に達する前の5年間にわたり障害福祉サービスの支給決定を受けており、65歳に達する前日において就労移行支援の支給決定を受けていた障害者は、65歳以上になっても引き続き就労移行支援を受けることができます。

就労移行支援は、大きく以下の4つの段階に分類して、必要な支援を行います。

① 基礎訓練（通所前期）

就労移行支援事業所に通って、一般的な労働に必要な基礎的な知識・技能に関する支援を受けます。具体的には、基礎体力向上に関する支援、集中力や持続力の習得に関する支援などを通じて、個々の利用者の適性や就労に向けた課題を見つけることが目的です。

② 実践的訓練（通所中期）

職業習慣の確立やマナー・挨拶・身なりの習得など、就労にあたって必要になる基本スキルの習得に関する支援が行われます。その他には、職場を見学したり、職場で実習を行ったりして、就労後の直接的なイメージをつかむことも行われます。また、外部の関連機関などを

活用して、より経験的に就労に必要な知識や技術を学ぶことも行われています（施設外授産）。

③　**事業者とのマッチングなど（通所後期）**

　求職活動や職場開拓のサポートなどを通じて、個々の利用者にふさわしい職場への就職をめざした支援が行われます。ハローワークや事業者との間で連携を取り、事業者への試行雇用（トライアル雇用）を行ったり、事業所内での職場適応訓練などを行ったりします。

④　**就職後のフォロー（訪問期）**

　事業者が障害者を雇用した後も、ハローワークなどの関係機関と連携して、障害者の適性や希望に応じた職場を作る必要があります。障害者が就職した後も職場に定着できているかを確認し、支援を続ける必要があります。なお、就労移行支援期間中の訓練であっても、訓練を受けている間の工賃（賃金）が障害者に支払われます。

　就労移行支援を利用するには、指定特定相談支援事業者が作成したサービス等利用計画案を市町村に提出し、支給決定を受けなければなりません。障害支援区分の認定は不要ですが、24か月間の標準利用期間が設定されています。ただし、必要がある場合は、最大12か月について利用期間の更新を受けることができます。また、就労移行支援を利用して就職をした人は、原則として6か月間、就労移行支援事業者からの継続的な支援が受けられます。

■■ 就労継続支援Ａ型（雇用型）とはどんなサービスなのか

　就労継続支援とは、障害者総合支援法で定められた自立支援給付のうち、訓練等給付に含まれる障害福祉サービスです。主として一般企業への就労が困難な障害者に就労や生産活動の機会を提供し、能力や知識の向上のために必要な訓練その他の便宜を供与しています。就労継続支援には、Ａ型とＢ型の２つのタイプがあります。

　就労継続支援Ａ型は雇用型とも呼ばれ、雇用契約に基づく就労が可

能と見込まれる65歳未満の障害者が対象です。具体的には、就労移行支援事業で一般企業への雇用が実現できなかった人、盲・ろう・養護学校の卒業後就職できなかった人、一般企業を離職した人や就労経験のある人などを対象者と想定しています。ただし、就労移行支援と同様に、65歳に達する前の5年間にわたり障害福祉サービスの支給決定を受けており、65歳に達する前日において就労継続支援A型の支給決定を受けていた障害者は、65歳以上になっても引き続き就労継続支援A型を受けることができます。

　具体的な支援は、主に以下の2つに分類することができます。

① **働く機会の提供**

　就労継続支援A型において、障害者は、A型事業所との間で雇用契約を結んで就労することができます。そのため、A型の最も重要な支援として、障害者に雇用を通じた働く機会を提供することにあります。もっとも、A型の利用者の全員が雇用契約を締結しなければならないわけではありません。A型事業所との間で雇用契約を結ぶことなく就労することも可能です。ただし、雇用契約を結ばない利用者の数が定員の半数または9名を超えない範囲内に限られます。

② **一般企業等への就職に向けた知識・技能の習得のための支援**

　就労継続支援A型の最終的な目標は、利用者が一般企業等（一般企業や公的機関）に就職することです。そこで、A型事業所で働く中で、就職に必要な挨拶などの就労習慣や、さまざまな業種をこなすための技能を習得するための支援が行われます。

　なお、A型においては、原則として利用者との間で雇用契約を締結するので、利用者は労働者として扱われ、労働基準法などの適用を受けます。また、事業者は、雇用契約を締結している利用者に対して、賃金を支払う必要があります。賃金については、原則として事業所の所在する都道府県の最低賃金が保障されます。

　就労継続支援を利用するには、就労移行支援と同様、指定特定相談

支援事業者が作成したサービス等利用計画案を市町村に提出し、支給決定を受けなければなりません。障害支援区分の認定は不要です。A型の利用者は、原則として事業者との間で雇用契約を結んでいるので、就労移行支援のような標準利用期間は設定されていません。

■■ 就労継続支援Ｂ型（非雇用型）とはどんなサービスなのか

就労継続支援Ｂ型は非雇用型とも呼ばれ、雇用契約を結ばずに就労の機会や居場所を提供し、就労支援を行います。Ｂ型の特徴は、軽作業を中心に行うことで必要な職業訓練などが行われる点です。また、就労移行支援や就労継続支援Ａ型に移行する前提として、Ｂ型を利用することも可能で、一般就労を希望する利用者に対しては、Ｂ型の中でも一般就労に必要な知識や技術に関する支援が行われます。

Ｂ型の対象者は、通常の事業所に雇用されることが困難であるものの、就労の機会を通じて生産活動に関する知識や能力の向上が期待される障害者です。具体的には、就労移行支援事業を利用したが一般企業の雇用に結びつかなかった人、一般企業に就労経験があり年齢や体力の面で雇用が困難となった人、50歳に達している人または障害基礎

■ 就労継続支援Ａ型 ··

業務に従事
→
【雇用契約（原則）】
∴障害者は労働者として扱われる

障害者

就労継続支援Ａ型事業所

・働く機会の提供
・一般就労に向けた支援
←

就労移行支援事業で一般企業に就職できなかった人
盲・ろう・養護学校の卒業後に就職できなかった人
一般企業を離職した人や就労経験のある人

年金1級受給者などです。具体的な支援は、主として以下の2つに分類することが可能です。

① 働く機会の提供

　就労継続支援B型の場合、障害者は雇用契約を結びませんが、就労継続支援B型事業所で働くことができます。そのため、就労継続支援A型と同様、重要な支援として障害者に生産活動などの働く機会を提供することが挙げられます。B型の利用者は、手芸などの自主製品の製作やパンやクッキーの製造などの作業を行い、対価として工賃を受け取ります。比較的自由に自分のペースで働くことができます。

② 一般企業等への就職に向けた知識・技能習得のための支援

　就労継続支援B型の利用者の中には、一般企業等への就職をめざしており、就労継続支援A型や就労移行支援への移行を希望する人もいます。そこで、B型事業所で働く中で、一般就労に必要な挨拶などの就労習慣や、さまざまな業種をこなすための技能を習得するための支援も行われます。なお、B型を利用するには、A型と同様の手続きを経て支給決定を受けなければなりません。また、A型と同様、標準利用期間の制限もありません。

■■ 就労定着支援

　就労定着支援とは、就労移行支援などの結果、一般企業等に就職した障害者に対して、就労にともなって生じるさまざまな問題に対する支援を行います。障害者は、就職の前後で環境に大きな変化が生じるため、日常生活などにおいても、問題を抱えるケースも少なくありません。そこで、障害者からの相談に応じて、就労の継続を図るのに必要な事業者や関係機関との連絡調整などを行います。具体的には、障害者に就労定着支援事業所に来所してもらう場合もあれば、障害者の自宅や職場に就労定着支援事業所の職員が訪問することで、収支の管理や体調の管理に必要な支援などを行います。

就労定着支援の対象者は、就労移行支援や就労継続支援（A型・B型）などを通じて、一般企業等に就職した障害者のうち、就労後6か月を経過した人です。就労移行支援を例に挙げると、就労後6か月を経過するまでの間のサポートが就労移行支援に含まれているため、就労定着支援は、その後の就労支援を行う制度といえます。就労定着支援の利用期間は最長3年間です。

■■ 就労選択支援

　就労選択支援は、令和4年（2022年）成立の法改正で導入が決定し、令和7年（2025年）までに導入される予定のサービスです。障害者が就労先・働き方についてより良い選択ができるよう、就労アセスメントの手法を活用し、障害者の希望、就労能力、適性などに合った選択（たとえば、就労継続支援や就労移行支援を利用するか、それとも一般就労をするか）を支援する新たなサービスとして位置付けられています。

■ 就労継続支援B型 ･･･

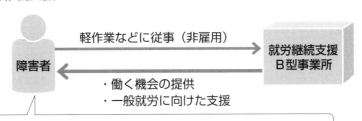

第2章 ◆ 障害福祉サービスのしくみ　73

12 施設入所支援について知っておこう

施設に入所して夜間の生活支援を行う

■■ 施設入所支援とはどんなサービスなのか

　施設入所支援は、障害者総合支援法で定められた自立支援給付のうち、介護給付に含まれる障害福祉サービスです。施設に入居する障害者に対し、夜間を中心に排泄や入浴、食事といった日常生活の介護や支援、生活に関する相談や助言を行うサービスです。そのため、施設に通所することが困難な障害者のケアを担う重要なサービスだといえます。日中時間帯は、就労移行支援事業や生活介護事業などを利用します。1日の時間帯ごとに適切なサービスが配置されていることで、障害者の1日の生活すべてにおいて、必要なケアが行き届くしくみが採用されています。

　以前まであった入所更生施設は、日中と夜間のサービスを一体的に提供していました。しかし、「日中に適した訓練が施されるが、その施設には住居機能がない」、逆に、「住居機能があるがその施設では満足な訓練が受けられない」などの不都合が生じるケースがありました。そういった背景によって、法改正が行われ、施設入所支援が規定されたことにより、障害者は自分に合った日中活動や夜間のケアを選択することができるようになりました。

　利用者は、施設でのサービスを日中のサービスと夜間のサービスに分けることで、サービスの組み合わせを選択できます。このサービスを利用する場合には、利用者一人ひとりの個別支援計画が作成され、その計画に沿ってサービスが提供されます。

　また、施設入所支援を利用する障害者は、地域移行支援の対象でもあります。そのため、個別支援計画を作成する際には、地域移行も想

定して作成しなければなりません。その障害者がどんな生活が適しているのか、どんな支援が必要なのかを意識して作成する必要があり、障害者本人中心の支援計画を作成することが求められています。

■■ どんな人が利用できるのか

施設入所支援の利用者は、日中に生活介護、就労移行支援や自立訓練を利用している人で、かつ夜間の介護を必要とする人を対象としています。常時介護などの支援が必要な障害者が該当します。

具体的な対象者は、①生活介護を受けている障害支援区分4以上の人（50歳以上の場合は障害支援区分が3以上）、②自立訓練、就労移行支援または就労継続支援B型を利用している人で、施設に入所して訓練を行うことが必要的・効果的であると認められる人、③障害福祉サービスの提供状況などその他やむを得ない事情で通所による介護などを受けることが困難な人、または就労継続支援A型を利用している人などです。

施設入所支援を希望する場合は、障害福祉サービスの利用申請と異なるので注意が必要です。

■ 施設入所支援 ･･･

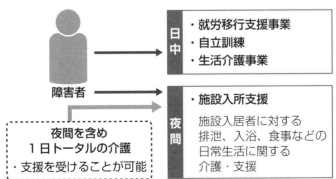

13 共同生活援助について知っておこう

比較的軽度な障害者の生活の場を提供する

■■共同生活援助とはどんなサービスなのか

　共同生活援助（グループホーム）は、障害福祉サービスの中で、自立支援給付の訓練等給付にあたります。地域の中で障害者が集まって共同で生活する場を設け、サービス管理責任者や世話人を配置して、主に夜間において生活面の支援をするサービスです。

　対象は、昼間は就労継続支援や小規模作業所などのサービスを受けている知的障害者や精神障害者などです。つまり、介護サービスまでは必要ないものの、地域の中で1人で生活していくのが困難という障害者が利用するということです。障害者の場合、親や親族など支援をしていた人が亡くなったり、高齢になり障害者の支援ができなくなることで、生活の場を失うおそれがあります。そのような障害者の受け皿として、グループホームの必要性は高まっています。また、障害者が社会の中で孤立することを防ぎ、安心して社会生活を送ることをサポートするという役割も担っています。

　グループホームの具体的なサービス内容は、日常生活上必要な相談を受ける、食事の提供、入浴、排泄、金銭管理、健康管理、緊急時の対応などです。こういったサービスを直接提供するのが世話人の役目です。グループホームには居住者6人に対し1人の割合で世話人が配置されています。

　利用できる対象者は、身体障害者、知的障害者、精神障害者です。なお、身体障害者の場合は、65歳未満の人、65歳になる前に障害福祉サービスなどを利用したことがある人に限定されます。

■■ グループホームには種別がある

　グループホームは、①介護サービス包括型、②外部サービス利用型、③日中サービス支援型に分類されます。介護サービス包括型は、相談や日常生活上の援助、食事や入浴などの介護を合わせて行うサービスです。一方で、外部サービス利用型は、相談や日常生活上の援助は行い、食事や入浴などの介護は外部の居宅介護事業を利用する形態です。日中サービス支援型は、障害者の重度化や高齢化に対応するために創設された形態です。日中においても常時の支援体制を確保する必要があります。その分世話人の配置も多くしなければなりません。

　グループホームは原則として、障害者が共同で生活することを基本としています。しかし、グループホームの支援が不要となっても、支援がまったくないことで不安を抱え、なかなか自立できないといったケースもあります。そのため「サテライト型住居」が認められています。ふだんは民間のアパートなどで生活し、余暇活動や食事などは本体となるグループホームを利用する形態になります。

■ 共同生活援助 ……………………………………………………………

共同生活援助（グループホーム）

★主に夜間において、日常生活上必要な相談の受付け、食事の提供、入浴、排泄、金銭管理、健康管理、緊急時の対応などを行う

介護サービス包括型
　⇒ 介護を含めた必要なサービスを基本的にグループホームで行う

外部サービス利用型
　⇒ 相談や日常生活上の援助をグループホームが行い、食事や入浴などの介護は外部の居宅介護事業により行う

日中サービス支援型
　⇒ 障害者の重度化や高齢化への対応に重点を置く

14 自立生活援助・就労定着支援について知っておこう

一人暮らしや就労定着の継続支援を行う

■■ 自立生活援助とはどんなサービスか

自立生活援助とは、主として施設入所支援や共同生活援助（グループホーム）、精神科病院から地域への一人暮らしに移行した障害者を対象とするサービスです。理解力や生活力などに不安のある障害者が、アパートなどで一人暮らしができるようにすることが目的です。

サービスの内容としては、定期的に自宅を巡回訪問したり、必要なときには随時対応したりすることで、障害者が円滑に地域生活を送ることができるよう、相談や助言などを行います。

自立生活援助が創設された背景には、深刻に進む障害者の高齢化問題への対策という意味合いがあります。今後、障害者を受け入れる施設やグループホームが不足することが想定されるため、年齢が若い障害者や障害の程度が軽い人については、なるべく施設などからアパートなどの一人暮らしに移行し、地域生活を送ることができるようにすることをめざしています。そして、これによって空きの出た施設やグループホームには、高齢の障害者や障害の程度が重度な人を、優先的に入所させることになります。

なお、一人暮らしを希望するグループホーム入居中の利用者への支援や、グループホーム退居後の一人暮らしの定着のための支援は、令和6年4月施行の法改正で、グループホームにおいて行われることが明確化されています（27ページ）。

■■ 就労定着支援とはどんなサービスなのか

就労定着支援とは、生活介護や就労移行支援などを利用して一般企

業に雇用された障害者の相談を受けたり、金銭管理などの生活上の課題を支援したりするサービスです。障害者を雇用する一般企業や医療機関などとの連絡調整役となり、就労が定着しにくい精神障害者、知的障害者、発達障害者などを支援することを目的としています。

「自立生活援助」と「就労定着支援」は、平成30年（2018年）4月に創設された新しいサービスです。施設やグループホームから一人暮らしに移行したり、就労支援施設から一般企業に雇用されたりするなど、障害者の社会進出は増加しています。障害福祉サービスを利用していた人が、自立した生活へ変化することは負担が大きいといえます。そういった負担から、施設生活に逆戻りすることや、企業を退職してしまうことは、社会にとっても本人にとっても好ましいことではありません。

自立生活援助や就労定着支援は、地域社会での自立をめざすため、障害者が徐々に日常生活や就労に慣れ、安心して地域での生活を継続できるようにサポートする専門的機関として機能することが期待されています。

■ 自立生活援助・就労定着支援

【自立生活援助】

自立生活援助の役割：
定期的な訪問、相談の受付など

一人暮らしをする
障害者など

障害者
アパートなど

生活の変化

施設入所支援、共同生活援助など

【就労定着支援】

就労定着支援の役割：
相談の受付、金銭管理など

一般企業に雇用された
障害者など

障害者
一般企業

就労の変化

就労移行支援事業所

15 医療支援のサービスはどのようになっているのか

障害の種類・程度・年齢等の事情をふまえた上で適切な医療が提供される

■■ 自立支援医療とはどんなものなのか

　自立支援医療とは、障害の軽減を図り、自立して日常生活や社会生活を送れるようにするために行われる医療費の公費負担制度です。

　自立支援医療は、従来別々に行われてきた、身体障害児の健全な育成や生活能力の獲得を図るための医療（旧育成医療）、身体障害者の自立と社会経済活動への参加促進を図るための医療（旧更生医療）、精神障害者が入院しないで受ける精神医療（旧精神通院医療）の３つが統合されたものです。それぞれの利用手続きは、以下のとおりです。

・**育成医療**

　　実施主体は市町村、申請窓口は市町村の担当課

・**更生医療**

　　実施主体は市町村、申請窓口は市町村の担当課

・**精神通院医療**

　　実施主体は都道府県、申請窓口は市町村の担当課

　なお、肝臓移植、抗免疫療法（免疫抑制療法）の医療費負担の軽減を目的として、平成20年（2010年）４月から育成医療・更生医療の内容に肝臓の機能障害が加わっています。

　申請には、医師の診断書や意見書、健康保険証、さらにその人にとっての妥当な利用料を設定するため、所得に関する書類が必要になります。経済的事情で自立支援医療が受けられないという状態を避けるため、利用負担に関して、所得に応じた細かい区分や上限額が設定されています。申請の有効期間は精神通院医療が１年、育成・更生医療は原則３か月（最長で１年）で、期間が過ぎると更新が必要になります。

育成医療・更生医療を受けられるのは、基本的には、治療により状態がよくなる見込みがある、障害者手帳を持っている障害児（者）です。育成医療の対象は18歳までなので、その後は身体障害者更生相談所（身更相）の判定を経て、更生医療に切り替えて治療を続けます。精神通院医療は、状態を良くするために通院治療を続ける精神障害者が対象です。更生医療と同じく、判定を経る必要があり、その業務は精神保健福祉センターが担います。

　自立支援医療が必要だと認められた場合でも、自由に複数の医療機関を利用することはできません。対象者が利用する医療機関は、事情がある場合を除き、どこか1か所に絞らなければなりません。

■■■ 療養介護医療費とは

　障害福祉サービスを受けている者が、医療の他に介護を受けている場合に、医療費の部分について支給されるのが療養介護医療費・基準該当療養介護医療費です。

　主に昼間、病院など医療機関での日常生活の世話や医学的管理下での介護、療養上の看護・管理、機能訓練を受ける際に療養介護医療費が支給されます。

　また、障害福祉サービス事業を提供するための事業所・施設が基準該当事業所や基準該当施設（事業所や施設について、設備・運営基準のすべてを満たしていないが、一定の基準を確保していることから、サービスの提供や施設の運営が認められるもの）の場合、基準該当療養介護医療費が支給されます。

■■■ 自立支援医療を利用する場合の手続きと利用者の負担額

　自立支援医療の担当窓口は市町村の担当窓口です。申請後、判定が行われ、支給認定が行われると受給者証が交付されます。利用者は受給者証の交付後指定の医療機関で治療を受けることになります。

自立支援医療の対象者であることが認定されると、申請時に希望した指定自立支援医療機関で、利用者が負担能力に応じて負担する金額で医療を受けることができます。

　また、利用者の負担を軽減するため、下図のような上限額が設定されています。なお、「世帯」については、健康保険や共済組合で扶養、被扶養の関係にある全員、または国民健康保険に一緒に加入している全員のことを指すため、住民票上の「世帯」とは異なる場合があります。

■ 自立支援医療費の負担の上限額（１か月あたり）…………………

所得区分 (医療保険の世帯単位)		更生医療 精神通院医療	育成医療	重度かつ継続
生活保護	生活保護世帯	0円		
低所得①	市町村民税非課税 (本人または障害児 の保護者の年収が 80万円以下)	2,500円		
低所得②	市町村民税非課税 (低所得１以外)	5,000円		
中間所得①	市町村民税 33,000円未満	総医療費の １割または 高額療養費 の自己負担 限度額	5,000円※	5,000円
中間所得②	市町村民税 33,000円以上 235,000円未満		10,000円※	10,000円
一定所得以上	市町村民税 235,000円以上	対象外	対象外	20,000円※

※令和6年3月31日までの経過措置

16 育成医療について知っておこう

障害の除去や軽減ができる児童の医療費の一部を負担する制度

■■ 育成医療は障害の除去や軽減ができる児童が対象

　障害のある児童で、手術などの治療により、障害を除去することや軽減することができる者もいます。しかし、障害に対する治療は高額になることがあり、また、長期的に治療が必要であることから、経済的に継続することが困難となる場合もあります。そのような児童の治療を助けるため、**育成医療**が制定されました。

　育成医療の対象となる者は、障害の除去や軽減ができる児童です。まず、児童であるためには、18歳まででなければなりません。満18歳以上になった場合には、育成医療の対象ではなく、更生医療の対象になります。

　育成医療の対象になる児童は、児童福祉法4条2項に規定する障害児、あるいは、治療を行わなければ将来障害を残すと認められる疾患がある児童です。これらの児童は、手術などの医学的な治療により、障害の除去や軽減を確実に図れる者でなければなりません。

■■ 対象となる疾病

　対象となる疾病は、白内障などの視覚障害、先天性耳奇形などの聴覚障害、口蓋裂などの言語障害、先天性股関節脱臼など肢体不自由が対象になります。他にも、内部障害として、心臓の弁口や心室心房中隔に対する手術で治療できる先天性疾患や、ペースメーカーの埋め込み手術により治療できる後天的な疾患が対象になる他、肝臓移植によって治療可能な肝機能障害、HIVによる免疫機能障害も対象になります。

そして、育成医療の対象となる医療は、診察、薬剤、治療材料、医学的処置、手術、入院における看護などが対象になります。たとえば、先天性耳奇形、口蓋裂などに対する形成術、尿道形成や人工肛門の造設、HIVによる免疫機能障害に対する抗HIV療法などが対象になります。

■■ 支給認定手続き

育成医療を申請する者は、市町村に申請書と添付書類を提出します。申請を受けた市町村は、負担上限月額の認定を行います。

育成医療の自己負担上限月額の決定には、世帯の所得状況や高額治療継続者に該当するかなど、さまざまな要素が考慮されます。そのため、事前に市町村の担当課や医療機関のソーシャルワーカー（MSW）に相談することが勧められます。

市町村は、自己負担上限月額の決定に際して、育成医療の支給の有効期間も決定します。有効期間は原則３か月ですが、治療が長期におよぶ場合については、１年以内になります。

■ 育成医療 ・・

手術などの治療 → 障害の除去・軽減

18歳未満の障害児

長期間に渡ると大きな経済的負担に

市町村

【育成医療】
自己負担の上限額を超える分の負担が不要になる！

17 更生医療について知っておこう

育成医療と同様に除去・軽減することができる障害の治療の一部を負担する制度

■■ 更生医療は18歳以上の身体障害者が対象

　更生医療も、育成医療と同様の制度です。治療により、障害を除去し、あるいは軽減することが確実にできるにもかかわらず、治療費が高額であることや、治療が長期にわたれば負担が大きいことから、治療を断念してしまう者は少なくありません。そのような者の負担を軽減し、治療による改善を促すため、更生医療が制定されました。

　育成医療は18歳未満の者が対象であったのですが、更生医療は、18歳以上でなければなりません。また、更生医療の対象になる者は、身体障害者でなければなりません。身体障害者とは、身体障害者福祉法4条に定義されています。

　身体障害者福祉法4条によると、身体障害者にあたるというためには、身体障害者手帳の交付が必要になります。身体障害者手帳は、市町村の窓口において申請し、交付を受けることができます。そのため、更生医療を利用する場合、事前に、身体障害者手帳の申請をしなければなりません。

■■ 対象となる疾病

　更生医療は、身体障害者が対象であるため、障害の種別として、身体障害でなければなりません。

　そして、身体障害でも、その障害が継続するものである必要があります。これは、治療により除去・軽減することができる障害でなければならないという理由からです。たとえば、白内障や網膜剥離などの視覚障害や外耳性難聴などの聴覚障害などがあります。なお、言語機

能障害については、鼻咽腔閉鎖機能不全に対する手術以外に、歯列矯正によって改善が期待できる場合には、歯列矯正も対象に含まれます。また、内部障害として、心臓の先天性疾患や肝機能障害、HIVによる免疫機能障害も更生医療の対象の障害にあたります。支給対象となる医療の内容は、診察、薬剤、治療材料、医学的処置、手術、入院における看護などです。これらのうち、医療による確実な効果が期待できるものに限られます。たとえば、白内障に対する水晶体摘出手術や、HIVによる免疫機能障害に対する抗HIV療法などです。

■■ 支給認定手続き

　更生医療を利用する者は、まず、市町村に申請をしなければなりません。申請は、申請書を提出する方法によりなされます。市町村は、申請を受理すると、身体障害者更生相談所に判定依頼をします。身体障害者更生相談所は、医療の具体的な見通しや障害の程度などの事情から、申請内容の妥当性や給付の必要性を審査します。身体障害者更生相談所が判定した後、その判定をもって、市町村が支給認定をします。

■ 更生医療の対象になる障害と治療例 ……………………………………

対象になる身体障害		具体的な治療例など
視覚障害		水晶体摘出手術、網膜剥離手術、虹彩切除術、角膜移植術など
聴覚障害		鼓膜穿孔閉鎖術、外耳性難聴形成術
言語障害		発音構語障害形成術、歯科矯正など
肢体不自由		関節形成術、人工関節置換術など
内部障害など	心臓	弁口・心室心房中隔に対する手術など
	腎臓	人工透析療法、腎臓移植術（抗免疫療法含む）など
	肝臓	肝臓移植術（抗免疫療法含む）など
	小腸	中心静脈栄養法など
	免疫	抗HIV療法など

18 精神通院医療について知っておこう

医療機関に通院し精神疾患を治療している者の医療費の一部を負担する制度

■■■ 精神通院医療は治療のため通院している人が対象

　前述した育成医療や更生医療は、医学的な治療により、障害の除去や軽減ができるなど、確実な効果が期待できる身体障害者が対象でした。また、育成医療や更生医療の実施主体は市町村でしたが、精神通院医療の実施主体は都道府県や指定都市です。

　精神疾患は、医学的な治療による効果が出たかどうかの判断が難しいことが多いようです。しかし、精神疾患にも治療は必要で、身体障害の場合と同様、治療の継続が困難になることがあります。にもかかわらず、精神疾患においては医療費の給付が受けられないとするのは不平等であるため、**精神通院医療**が制定されています。

　精神通院医療の対象者は、精神疾患の治療のために通院している者です。そのため、入院して治療を受ける場合は対象外です。「精神疾患の治療のために」とは、精神疾患が発症していなければならないわけではありません。再発予防で通院している者も対象となります。

■■■ 対象となる疾患

　精神通院医療の対象となる疾患は、精神保健福祉法5条に規定する11つの精神疾患です（次ページ図参照）。このうち、高額治療継続者の対象疾患となるのが、「病状性を含む器質性精神障害」「精神作用物質使用による精神及び行動の障害」「統合失調症」「統合失調症型障害及び妄想性障害」「気分障害」「てんかん」の6つの精神疾患です。

　高額治療継続者とは、世帯などの所得が一定額以上で、治療費が公費負担の対象外にあたる場合でも、対象疾患について費用が高額な治

療を長期間にわたり継続（「重度かつ継続」）しなければならない者のことです。高額治療継続者に該当する者は、治療費の一部が公費負担されます。

■■ 支給認定手続き

　精神通院医療の申請は市町村の窓口で行い、市町村を経由して都道府県の精神保健福祉センターに申請がなされます（指定都市の場合は直接その指定都市の窓口で申請します）。精神通院医療の実施主体は都道府県ですが、育成医療・更生医療と申請手続を同様にし、利用者の便宜を図るため、このような制度になっています。

　申請を受けた精神保健福祉センターは、申請内容を審査し、判定を行います。この精神保健福祉センターの判定をもって、都道府県や指定都市が支給認定を行います。支給認定後、受領書が市町村を経由して申請者に交付されます（指定都市の場合は直接交付されます）。

■ 精神通院医療の対象になる精神疾患 ………………………………………

ＩＣＤコード	精神疾患
F0	病状性を含む器質性精神障害
F1	精神作用物質使用による精神及び行動の障害
F2	統合失調症、統合失調型障害及び妄想性障害
F3	気分障害
G40	てんかん
F4	神経症性障害、ストレス関連障害及び身体表現性障害
F5	生理的障害及び身体的要因に関連した行動症候群
F6	成人の人格及び行動の障害
F7	精神遅滞
F8	心理的発達の障害
F9	小児期及び青年期に通常発症する行動及び情緒の障害

※ＩＣＤコード：「疾病及び関連保健問題の国際統計分類」（国際疾病分類）に基づく

19 補装具等の支援について知っておこう

利用者が義肢などを購入した上で、費用の補助が行われる

■■ 補装具等としてどんな用具が提供されるのか

　補装具とは、障害者等の身体機能を補完・代替し、かつ長期間にわたって継続して使用される用具です。具体的には義肢、装具、車いすなどが該当します。

　障害者は、障害の程度によっては車椅子などの使用が欠かせなくなります。義肢や車椅子などの補装具は、市町村に申請することによって給付を受けることができます。この場合、市町村は、身体障害者更生相談所などの意見を聴きながら、補装具費を支給すべきか否かを審査した上で、適切であると認めた人に対して、補装具費の支給決定を行います。支給決定を受けた障害者には、補装具費支給券が交付されます。

　請求方法は、利用者が補装具を購入した上で市町村の担当窓口へ自己負担額を除いた金額を請求し、市町村の支給決定によって給付金が支払われるという流れになります。具体的には、購入時点においては、補装具業者との間で、利用者が購入などの契約を結びます。その際に、補装具費支給券を提示した上で、いったん、利用者自身が購入費用を全額負担しなければなりません。後に、領収書に補装具費支給券を添付して、市町村に対して請求を行います。これにより、購入費用から自己負担額を差し引いた金額について、償還を受けることができるという制度がとられています。これを償還払方式といいます。

　もっとも、市町村が利用者の状況などを考慮した上で、代理受領方式をとることも可能です。代理受領方式とは、利用者が補装具を購入する時点で、自己負担額のみを支払うことで、補装具の引渡しを受けることができる制度です。その際に、利用者は補装具の製作業者に対

して、代理受領に関する委任状と補装具費支給券を手渡します。そして、後に製作業者から、市町村に対して、利用者から手渡された委任状・補装具費支給券を提示して、補装具に関する給付費に相当する金額の支払いを請求し、製作業者が、利用者に支給されるべき金額を受け取ります。

　なお、障害者の費用負担については、利用者が負担すべき額は最大でも1割とされているため、障害者は最大で、補装具を利用する費用の1割を負担することになります。利用者負担以外の部分については、公費負担になります。このうち、国が2分の1を負担し、都道府県・市町村がそれぞれ、4分の1ずつを負担します。

　ただし、所得の状況によって以下の負担上限額が定められています。
・生活保護受給世帯：0円（障害者の自己負担なし）
・市町村民税非課税世帯：0円（障害者の自己負担なし）
・市町村民税課税世帯：3万7200円

　注意しなければならないのは、所得制限が設けられているということです。つまり、障害者本人あるいは、その障害者が含まれる世帯のうち、いずれかの人が、市町村民税所得税における納税額が46万円以上の場合には、補装具費の支給を受けることができません。

■■ 補装具の要件

　補装具として認められるためには以下の3つの要件を満たしていなければなりません。
①　身体への適合を図るように制作されており、身体の欠損もしくは損なわれた身体機能を補完・代替するもの
②　同一製品を継続して使用するという条件があり、身体に装着して日常生活・就労・就学に使用するもの
③　医師などの診断書や意見書に基づいて使用されるもの
　具体的な補装具の種類には次ページ図のようなものがあります。

■ 補装具の種類 ……………………………………………………………

義肢
義手、義足
装具
下肢、靴型、体幹、上肢
座位保持装置
モールド型、平面形状型、シート張り調節型
視覚障害者安全つえ
義眼
眼鏡
矯正眼鏡、遮光眼鏡、コンタクトレンズ、弱視眼鏡
補聴器
高度難聴用ポケット型、高度難聴用耳かけ型、重度難聴用ポケット型、重度難聴用耳かけ型、耳あな式（レディメイド）、耳あな式（オーダーメイド）、骨導式ポケット型、骨導式眼鏡型
車いす
普通型、リクライニング式普通型、ティルト式普通型、リクライニング・ティルト式普通型、手動リフト式普通型、前方大車輪型、リクライニング式前方大車輪型、片手駆動型、リクライニング式片手駆動型、レバー駆動型、手押し型、リクライニング式手押し型、ティルト式手押し型、リクライニング・ティルト式手押し型
電動車いす
普通型時速4.5キロメートル、普通型時速６キロメートル、簡易型、リクライニング式普通型、電動リクライニング式普通型、電動リフト式普通型、電動ティルト式普通型、電動リクライニング・ティルト式普通型
座位保持いす（身体障害児のみ）
起立保持具（身体障害児のみ）
歩行器
頭部保持具（身体障害児のみ）
排便補助具（身体障害児のみ）
歩行補助つえ
重度障害者用意思伝達装置
人工内耳

■■ 補装具の借受けに対する支援

　補装具は、個別の障害者に適合するように、製作されていますので、補装具費用の支給対象になるのは、原則として、利用者が補装具を購入する場合が想定されています。しかし、以下の場合には、補装具の借受けについても、必要な費用の支給を受けることができます。

・身体の成長によって、短期間のうちに補装具の交換が必要になると認められる場合

・障害の程度が進行することが予測され、補装具の使用期間が短く、交換などが必要になると認められる場合

・補装具の購入について、複数の補装具などの比較が必要であり、借受けが適当であると認められた場合

　補装具の借受費用の支給を受ける手続きは、購入の場合の手続きと同様です。借受期間中は、毎月補装具費が支給されることになりますが、補装具費支給券については、借受期間の最初の月に、支給決定通知書と合わせて、借受期間にあたる月数分が交付されます。借受けから補装具の交換までの期間は、原則として1年間です。ただし、市町村・身体障害者更生相談所などが必要性を認めた場合には、約1年ごとに判定・支給決定を行うことで、約3年間まで、補装具の交換までの期間を伸長することができます。

　借受期間の終了にあたっては、利用者は、補装具について購入可能であるのか、あるいは継続して、借受けによる給付を希望するのかを選択することができます。この際には、再び市町村による支給決定の手続きが必要になりますので、改めて身体障害者更生相談所による判定を受けなければなりません。

　なお、現在のところ、借受けの対象になる補装具には、①義肢・装具・座位保持装置の完成用部品、②重度障害者用意思伝達装置、③歩行器、④座位保持椅子の4種類があります。

20 相談支援のサービスについて知っておこう

相談支援事業者に相談し、利用計画を作成する

■■計画相談支援とはどんなものなのか

　障害福祉サービスの支給を申請する障害者や障害児の保護者は、市町村長の指定を受けた指定特定相談支援事業者（148ページ）から相談支援を受ける事業者を選ぶことができます。指定特定相談支援事業者は、障害者・障害児やその家族などからの福祉・保健・医療・就職といった基本的な相談（基本相談支援）をはじめ、障害福祉サービスの利用に関係する相談（計画相談支援）を受け付けています。

　指定特定相談支援事業者が計画相談支援を受け付けると、指定特定相談支援事業者に在籍する相談支援専門員が面接やアセスメント（現在の状況や問題点を解決するための課題について調査すること）などを実施し、支給決定後にサービス等利用計画（支給決定前はサービス等利用計画案）を作成します（サービス利用支援）。その後は、一定期間ごとにサービス等利用計画を見直すモニタリングを行います（継続サービス利用支援）。

■■計画相談支援給付費とは

　計画相談支援給付費とは、指定特定支援事業者がサービス等利用計画案の作成や見直しなどを行った場合に支給される費用です。サービスの利用者に支給するのが法律上の建前ですが、指定特定相談支援事業者が国民健康保険連合会から代理受領することもできます。支援内容は、サービス等利用計画の作成、モニタリング（127ページ）、変更の他、関係機関との連絡調整などです。

■■ 地域相談支援給付費とはどんなものなのか

　地域相談支援給付費とは、都道府県・指定都市・中核市の指定を受けた指定一般相談支援事業者が、地域移行支援・地域定着支援を行った場合に支給される費用です。支給を希望する利用者は、氏名・居住地・生年月日・連絡先、地域相談支援（以下の地域移行支援と地域定着支援の2種類がある）の具体的内容を記載した申請書を市町村に提出し、申請を受けた市町村が支給の要否を決定します。

・地域移行支援

　地域移行支援とは、施設に入所中の障害者などが、地域における生活に移行できるように必要な住居の確保などの支援のことです。地域移行支援の対象者は、主として施設などに入所している障害者や障害児です。その他、刑事施設・少年院に入所している障害者や、生活保護法の更生施設に入所している障害者も利用が認められています。

・地域定着支援

　地域定着支援とは、居宅で生活する障害者などに対して行う常時の連絡体制の確保など、緊急の事態等における相談その他の支援のことです。地域定着支援の対象者は、居宅において障害者の家族などによる緊急時の支援が見込めない状況にある者です。

■ 計画相談支援給付費の支給の流れ ……………………………………

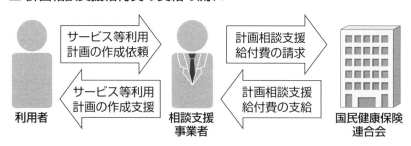

地域生活支援事業について知っておこう

多くは市町村が行うが、一部の広域的な支援は都道府県が行う

■■ 地域生活支援事業とは

　地域生活支援事業とは、主として市町村や都道府県が、地域に居住する障害者に対し、障害の程度などに応じて柔軟に必要な支援を行う事業です。多くは市町村によって行われますが、一部の広域的な支援は都道府県によって行われます。

　障害福祉サービスの中には自立支援給付もあり、自立支援給付は「それぞれの障害者にとって必要なサービスはどのような内容か」という点が重視されています。これに対して、地域生活支援事業は「その地域で提供できるサービスはどの程度の内容か」という点が重視されています。障害者がサービスを希望していても、サービスの提供に必要な施設や職員の数には限界があります。そこで、地域生活支援事業により、地域の財政などの実情を考慮し、効率的により多くの障害者のニーズに適したサービスの提供が実施されています。

　また、広域的な取組みが可能であることも、地域生活支援事業の特徴といえます。個別の障害者に対する支援では不十分であった支援に

■ 地域生活支援事業と自立支援給付の関係 ･･････････････････････

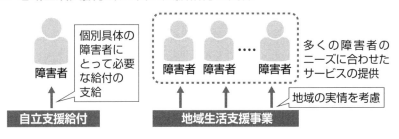

ついても、さまざまな機関への委託などを行うことで、緊急事態にも対応できる弾力性を持っています。

■■ 市町村が行う地域生活支援事業

必ず実施しなければならない必須事業と、任意に行うことができる任意事業があります。市町村の必須事業には、①理解促進研修・啓発事業、②自発的活動支援事業、③相談支援事業、④成年後見制度利用支援事業、⑤成年後見制度利用支援事業、⑥意思疎通支援事業、⑦日常生活用具給付等事業、⑧手話奉仕員養成研修事業、⑨移動支援事業、⑩地域活動支援センターがあります。令和6年4月施行の改正では、市町村が、地域生活支援事業を効果的に実施するため、地域生活支援拠点等を整備する努力義務が設けられました。

市町村が行う地域生活支援事業の主な内容は、以下のとおりです。

・理解促進研修・啓発事業

地域住民に対して、障害者に対する理解を深めるための事業をいいます。たとえば、障害の特性に関する教室の開催や、障害福祉サービス事業所への訪問などの各種イベントの開催などが挙げられます。

・自発的活動支援事業

障害者やその家族、地域住民などが自発的に行う活動を支援する事業をいいます。障害者やその家族が共通して抱える悩みなどを相談し合う交流会（ピアサポート）や、障害者を含む地域全体の災害対策、障害者の孤立防止に向けた地域の活動などが挙げられます。

・相談支援事業

障害者やその家族などからの相談に応じ、障害者支援に必要な情報の提供、サービスの利用支援、権利擁護のための必要な支援を行っています。令和6年4月施行の改正では、基幹相談支援センターの設置に関する市町村の努力義務が設けられました（27ページ）。

・成年後見制度利用支援事業

精神上の障害によって判断能力が不十分な人のために、市町村が行う成年後見制度の利用を支援する事業に対して、助成を行うことによって、成年後見制度の利用を促す事業です。

・意思疎通（コミュニケーション）支援事業

視覚や聴覚に障害があるために、通常の人よりコミュニケーションがとりにくくなっている人を支援する事業です。

・日常生活用具給付等事業

障害者が自立した生活を営むために必要な用具の給付や貸出を行う事業です。

・移動事業

障害者が屋外での移動を円滑に行えるように、そのニーズに応じてサポートする事業です。障害者に対して個別に対応する個別支援型、複数の者が同じ目的で移動する際に行うグループ支援型、バスなどを巡回させて送迎支援を行う車両支援型があります。

・地域活動支援センター

地域活動支援センターとは、障害者に社会との交流を図る機会や生産活動を行う機会を提供するための施設です。障害を持つ人が地域で自立して生活をすることを可能にするために、利用者や地域の状況に

■ **地域生活支援事業について** ……………………………………

市区町村が行う事業	都道府県が行う事業
・相談支援 ・基幹相談支援センターを設置 ・成年後見制度利用支援 ・地域活動支援センター ・日常生活用具の給付 ・移動支援 ・意思疎通支援　　　　　など	・相談支援体制整備事業 ・専門性の高い相談支援事業 ・福祉ホーム事業 ・発達障害者支援センター 　運営事業 ・障害者ICTサポート総合 　推進事業　　　　　　　など

応じて柔軟に事業を運営していくことを目的としています。地域活動支援センターを通じて、障害者は自立した日常生活や社会生活を送る上での援助を受けることができます。

■■ 都道府県が行う地域生活支援事業

　都道府県は、障害者を支援する事業の中でも専門的知識が必要とされる事業や、市町村ごとではなく広域的な対応が必要な事業を実施しています。市町村事業と同様に、都道府県事業についても必須事業と任意事業があります。必須事業としては、以下の事業があります。

・専門性の高い相談支援事業

　発達障害者やその家族に対しての相談支援、高次脳機能障害に対する人材育成や情報提供・啓発活動、障害者が自立して職業生活を送ることができるようにするための雇用促進のための活動があります。

・専門性の高い意思疎通支援を行う者の養成・研修事業

　手話を使いこなすことができる者の育成、盲ろう者向け通訳や介助員の養成、障害福祉サービスの管理を行う者の養成などを行います。

・専門性の高い意思疎通支援を行う者の派遣・連絡調整事業

　手話通訳者、要約筆記者、触手話、指点字を行う者の派遣、市町村相互間での派遣にかかる連絡調整に関する事業です。

・広域的な支援事業

　市町村域を越えて広域的な支援を行います。具体的には、地域のネットワークの構築、専門知識を必要とする障害者支援システムの構築に関する助言、広い地域にまたがって存在している課題の解決のための支援などがあります（相談支援体制整備事業）。

　また、精神障害者の地域移行・生活支援の一環として、アウトリーチ（多種職チームによる訪問支援）を行うとともに、アウトリーチ活動に関して関係機関との広域的な調整などを行います（精神障害者地域生活支援広域調整等事業）。

22 相談支援事業について知っておこう

さまざまな助言や必要な情報の提供などによって支援をする

■■ どんなサービスなのか

相談支援事業とは、障害者本人やその保護者（家族）などからの相談に応じ、障害者支援に必要な情報の提供、サービスの利用支援、権利擁護のための必要な支援をする事業です。

障害福祉サービスを適切に受けるには、さまざまな情報を得て判断する必要があります。しかし、どのようなサービスがあるのかを把握するのは容易ではありません。また、サービスの内容を把握できたとしても、実際に個別の障害者にとってどのサービスが最適であるのかを判断するための知識を習得するのも容易ではありません。そこで、市町村は、障害者やその保護者などからの相談に応じ、障害者支援について必要な情報を提供しています。相談支援事業を行うことで、障害者は自分にあったサービスの提供を受けることが可能になります。

相談支援事業の具体的な内容は、以下のように分類できます。

① 基本相談支援：障害者福祉に関するさまざまな問題について、必要な情報の提供をはじめ、障害福祉サービスの利用を支援したり、権利擁護のために必要な援助を行います。

② 計画相談支援・障害児相談支援：利用計画（障害者の場合はサービス等利用計画、障害児の場合は障害児支援利用計画）の作成や、利用計画の見直しなどにおいて必要な相談や助言を行います。

③ 地域相談支援（地域移行支援・地域定着支援）：入所施設から退所した者や、家族との同居から一人暮らしに移行した者が、地域生活を継続できるように相談や助言を行います。

④ 住宅入居等支援事業：一般住宅への入居希望者に対し、入居に必

要な調整などの支援を行う他、家主への相談や助言を行います。

⑤　成年後見制度利用支援事業：成年後見制度の利用促進を図るために必要な相談や助言を行います。

相談支援事業は市町村で実施されます。市町村は、障害者やその保護者などからの相談を基に、必要な情報の提供や、その障害者に必要と考えられる障害者支援事業の紹介などを行います。障害者に対する虐待の相談を受けた場合は保護も行います。悩みを持つ障害者やその家族が集まり、話し合いや情報交換をすることを目的とした集団カウンセリング（ピアカウンセリング）を実施することもあります。

相談支援専門員は、障害者やその保護者などからの相談を受け付け、助言や連絡調整を行う他、障害福祉サービスの利用に必要なサービス等利用計画を作成します。障害福祉サービスが開始すると、一定期間ごとにモニタリングを行います。その際、心身の状況や生活環境の変化を見極め、必要に応じて計画の見直しを行います。

なお、緊急時の相談・対応や地域移行の推進は、地域生活支援拠点等が担当します。令和6年4月施行の法改正で、市町村が地域生活支援拠点等を整備する努力義務が明確化されました（27ページ）。

■ **相談支援事業** ・・

どんな障害福祉サービスがあるの？
どんな障害福祉サービスが自分に合ってるの？

相談支援事業

障害者 ← 市町村

① サービスに関する情報提供・利用支援、権利擁護のための支援
② 利用計画の作成や、利用計画の見直しなどに関する相談・助言
③ 地域移行支援・地域定着支援
④ 住宅入居等支援事業
⑤ 成年後見制度利用支援事業

23 協議会や基幹相談支援センターの役割を知っておこう

相談支援事業をより充実したものとするため、機関の連携を取るためのしくみ

■■ 協議会とは

　市町村は、相談支援事業などの実施にあたって、支援体制の整備を図るため、関係機関により構成される協議会を設置することが努力義務化されています。相談支援事業などを効率的に実施するには、地域の中で障害者支援について情報交換をすることが必要ですが、関係機関が各々に連絡をとり情報交換をするのは容易ではありません。

　そこで、協議会は、関係機関が情報を共有し、その連携の緊密化を図るという役割を担っています。利用者のニーズに対応するため、関係機関をネットワーク化し、必要な情報をもとに支援を行います。市町村は、必要に応じて他の市町村と連携して相談支援事業を実施することもできます。また、関係機関は、協議会を通じて、保健・医療・福祉・教育・労働などのさまざまな分野が、それぞれどのような専門性を有しているかについて、認識を共有することができます。

　なお、令和6年4月施行の改正では、協議会で障害者の個々の事例について情報を共有することが明記された他、協議会の参加者に対する守秘義務や、関係機関による協議会への情報提供に関する努力義務が設けられました。

■■ 基幹相談支援センターとは

　市町村は、相談支援事業をはじめとする事業を総合的に行うため、基幹相談支援センターを設置することが努力義務化されており、地域における相談支援の中核的機関としての役割・機能の強化が図られています（令和6年4月施行の改正）。主な業務としては、①総合相談・

専門相談、②地域移行・地域定着、③地域の相談支援体制の強化の取組み、④権利擁護・虐待防止の４つの業務が挙げられます。

① 総合相談・専門相談は、身体障害、知的障害、精神障害の３障害に対して行われる総合的な相談です。そのため、総合相談・専門相談を行う基幹相談支援センターは３障害に対応できる事業者でなければなりません。

② 地域移行・地域定着は、たとえば、入所施設や精神科病院と連携をとり、障害者の地域での生活を推進する事業を行います。

③ 地域の相談支援体制の強化の取組みには、たとえば、社会福祉士などの有資格者や、障害者の地域での生活を支援する人材の育成などがあります。

④ 権利擁護・虐待防止は、成年後見制度利用支援事業や、障害者虐待防止法に基づき関係機関と連携して行う事業を指します。後者の事業の推進にあたって、市町村障害者虐待防止センターを設置することもできます。

　なお、障害者支援事業や基幹相談支援センターの業務は、市町村が一般相談支援事業もしくは特定相談支援事業（基本相談支援と計画相談支援の両方を行う事業）を行うことができる事業者に委託できます。

■ 協議会・基幹相談支援センター

協議会

〔目的〕
事業者などの関係機関の
ネットワーク化

情報交換

保健・医療・福祉・教育・
就労など、各分野の専門
性に関係する認識を共有

運営を委託

基幹相談支援センター

地域における相談支援事業の中で
中核的な役割を担う

（具体的な業務）
①総合相談・専門相談
②地域移行・地域定着
③地域の相談支援体制の
　強化の取組み
④権利擁護・虐待防止

24 成年後見制度利用支援事業とはどんなものなのか

成年後見制度の利用促進に関する支援制度

■■ 成年後見制度利用支援事業とは

　知的障害者や精神障害者は、自分で物事を判断する能力を完全に失っていたり、あるいは不十分である場合も少なくありません。民法は、判断能力を失っていたり、不十分な人を支援するために、成年後見制度を用意しています。成年後見制度は、対象者の判断能力の程度に応じて、家庭裁判所の審判を経て、後見人、保佐人、補助人のいずれかが選任されて、対象者の権利を守る制度です。成年後見制度を利用するには、本人や配偶者、一定の範囲内の親族などが家庭裁判所に申し立てる必要があるため、重要な制度であるにもかかわらず、あまり活用されてきませんでした。

　そこで、成年後見制度の利用促進をめざして行われる支援が、**成年後見制度利用支援事業**です。障害者総合支援法において、市町村が担当する地域生活支援事業のひとつとして規定されています。都道府県も市町村と協力の上で、広域的な見地から支援に関わっています。

　判断能力が不十分な人が適切な福祉サービスの提供等を受けるためには、必要な契約を結ばなければならないことから、成年後見制度を利用できることが大きな意味を持ちます。成年後見制度利用支援事業が整備されたのは、成年後見制度の利用にかかる費用を補助し、経済的理由などによって、成年後見制度の利用が妨げられないようにすることが最大の目的だといえます。

　成年後見制度利用支援事業は、認知症高齢者・知的障害者・精神障害者のうち、成年後見制度を利用することが日常生活などにおいて有用であると考えられる障害者を対象としています。また、成年後見制

度の利用に必要な経費について補助を受けなければ、成年後見制度の利用が困難と認められる障害者でなければなりません。たとえば、生活保護を受給している者や、障害者を含めた障害者と同じ世帯の者の全員が住民税非課税である場合などが挙げられます。

　支援内容のひとつが、家族もしくは検察官などが、対象者について成年後見制度の申立てをするのにかかる経費（申立手数料、登記手数料、鑑定費用など）の全部もしくは一部を補助することです。また、相談支援事業者や市町村が、成年後見制度利用支援事業の対象者を発見した場合、市町村長が、対象者の家族などに代わって、後見人（成年後見人、保佐人、補助人）の選任を家庭裁判所に申し立てることもあります。

　家庭裁判所により成年後見制度の利用が認められ、後見人が選任された場合、対象者（成年被後見人、被保佐人、被補助人）は、後見人に対し報酬を支払わなければならないことがあります。成年後見制度利用支援事業は、後見人に対して支払われる報酬についても補助を受けることが可能です。なお、地域生活支援事業として行われている成年後見制度利用支援事業については、国も国庫に基づく補助を行っています。

■ **成年後見制度利用支援事業** ……………………………………

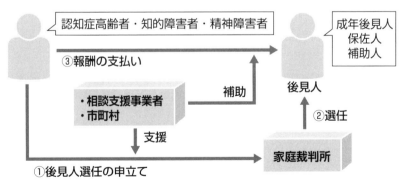

25 意思疎通支援事業について知っておこう

障害者とのコミュニケーションを円滑に測るための支援を行う

意思疎通支援事業とは

　意思疎通支援事業とは、障害者とその他の者の情報の交換や意思の伝達などの支援を行う者の養成・派遣などを行う事業です。点訳、代筆・代読などの方法により、障害者同士や、健常者との意思疎通をサポートするための事業を内容としています。障害者総合支援法において、地域生活支援事業の必須事業として、市町村と都道府県の役割分担が明確化されています。

　意思疎通支援事業は、聴覚、言語機能、音声機能、視覚機能の障害者だけでなく、失語症、高次脳機能障害、知的・発達障害者、ALSなどの難病患者を対象に含みます。

　意思疎通を支援する手段は、聴覚障害者への手話通訳や要約筆記の他に、盲ろう者への触覚手話や指点字、視覚障害者への代読や代筆、重度身体障害者へのコミュニケーションボードによる意思の伝達など、多様です。なお、手話は、障害者基本法で言語に位置付けられており、障害者とのコミュニケーションにおける手話の重要性が示されています。

市町村・都道府県における必須事業

　意思疎通支援事業において、市町村が取り組む必須事業は以下のとおりです。

・意思疎通支援者の養成

　具体的には、手話奉仕員の養成を行います。手話奉仕員とは、手話を用いて、障害者とコミュニケーションを図る人を指します。

・手話通訳者と要約筆記者の派遣

市町村は、手話通訳者と要約筆記者等の派遣事務に取り組まなければなりません。手話通訳者とは、手話を通じて、障害者と障害のない人との間のやり取りを支援する人のことです。そして、要約筆記者とは、主に聴覚障害者を対象に、手書きやパソコンなどを利用して、「話し」の内容を要約した上で、情報を障害者に伝える人をいいます。

　都道府県においては、以下の事業について必須事業として取り組まなければなりません。

・**手話通訳者、要約筆記者、盲ろう者対象の通訳や介助員の養成**

　手話通訳者・要約筆記者を養成するとともに、盲ろう者・失語症者を対象に、盲ろう者・失語症者が伝えたい内容を的確に把握し、他者と円滑にコミュニケーションを図ることができるよう支援する人を養成します。

・**支援者の派遣**

　盲ろう者向けの通訳・介助員、失語症者向け意志疎通支援者の派遣の他、複数の市町村の住民が参加する講演などにおける、高い専門性が要求される意思疎通支援者の派遣を行います。

・**市町村相互間の連絡調整**

　意思疎通支援者の派遣に関する、市町村相互間の連絡・調整を図ります。

■ **意思疎通支援事業** ･･･

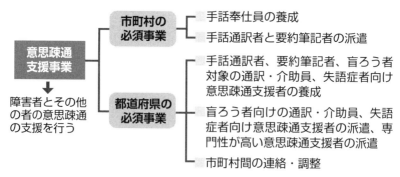

26 日常生活用具給付等事業ではどんな給付を受けることができるのか

障害者の日常生活を円滑にするための用具の支給や貸与を行う

■■ 日常生活用具給付等事業とは

　障害者が日常生活を送るために、障害の種類に応じて用具が必要になることがあります。このようなニーズに応えて、障害者が自立した生活を営むために用具を給付する事業のことを**日常生活用具給付等事業**といいます。給付する日常生活用具は、①安全で実用性があり、簡単に使用できる物であること、②障害者の自立と社会参加を促進する物であること、③用具の制作・改良・開発に対して、障害に対する専門知識や専門技術が必要で、日常生活品として普及していない物である、という条件を満たす用具です。入浴補助用具や意思疎通支援用具等が給付されます。

　給付を受けるためには、障害者が市町村長に申請し、市町村の給付決定を受ける必要があります。もっとも、市町村により申請手続の詳細や、給付される用具の上限額・品目・自己負担額の割合などが異なりますので、あらかじめ市町村窓口で、自己負担額等を調べておくことが必要です。

■■ 給付・貸与される用具などに関して

　日常生活用具給付等事業により、障害者に給付・貸与される主な用具は、次ページ図のようになっています。それぞれの用具の対象者は、主に以下のように分類できます。

① 介護・訓練支援用具

　障害者の身体介護を支援する必要がある、下肢あるいは体幹機能に障害がある人が対象です。

② 自立生活支援用具

　障害の内容に合わせて、下肢あるいは体幹機能の障害、平衡機能あ

るいは下肢・体幹機能の障害、上肢障害、視覚障害、聴覚障害がある人を対象に、必要な用具などが支給されます。なお、火災警報器などは、障害の種別に関係なく、火災発生を感知したり避難することが困難な人に支給されます。

③　在宅療養等支援用具

腎機能障害や呼吸器機能障害がある人や、在宅酸素療法者、視覚障害がある人に必要な用具などが支給されます。

④　情報・意思疎通支援用具

音声言語機能障害、上肢機能障害・視覚障害、盲ろう、聴覚障害がある人や、喉頭摘出者、外出困難者などを対象に必要な器具が支給・貸与されます。

⑤　ストーマ装具

ストーマ造設者が対象になります。その他の用具などについては、高度の排便機能障害者、脳原性運動機能障害がある意思表示困難者、高度の排尿機能障害者に対して必要な用具が支給されます。

⑥　居宅生活動作補助用具

下肢、体幹機能障害、乳幼児期非進行性脳病変者が対象です。

■ 障害者に給付・貸与される主な用具 ……………………………

介護・訓練を支援する用具	入浴担架・特殊寝台・訓練イス・特殊尿器など
自立生活支援用具	入浴補助用具・頭部保護帽・棒状の杖・聴覚障害者用屋内信号機など
在宅療養等支援用具	電気式たん吸引器・音声式体温計・酸素ボンベ運搬車・透析液加温器など
情報・意思疎通支援用具	点字器・視覚障害者用時計・視覚障害者用携帯レコーダーなど
排泄管理支援用具	ストーマ用装具・紙おむつなど
居住生活動作補助用具	スロープ・手すりなど

27 障害者総合支援法の居住サポート事業について知っておこう

一般住居への入居などを支援する事業

■■ 居住サポート事業とは

　賃貸住宅への入居が困難な障害者を対象に、市町村が主体になって、**居住サポート事業**を行っています。通常、賃貸住宅に入居するときには、保証人を立てる、保証金や敷金の支払いを求められることが多いのが現状です。安定した収入や就職につながる資格を持っている人であれば、賃貸住宅への入居の際にそれほど困ることはないのですが、精神障害者や知的障害者など障害を持っている人の場合、「保証人がいない」などの理由で入居先がなかなか見つからないという問題が起こる可能性が高くなります。そこで、障害者総合支援法でも障害者の地域での居住を支援するさまざまなサービスを提供しています。

　そのため、居住サポート事業の利用対象者は、賃貸借契約を締結して一般住宅に入居希望しているものの、身近に保証人になってもらえる人がいない障害者です。現在、障害者施設や児童福祉施設などに入所している人は、対象から除かれます。また、精神障害のために、精神科病院に入院している人も対象外です。

■■ 具体的な支援の内容

　居住サポート事業は、地域生活支援事業として、原則として市町村が実施します。具体的な支援内容は、主に以下の2つに分類することができます。

① 一般住宅への入居支援

　この事業は、賃貸借契約による一般住宅への入居を希望しているものの、保証人がいないなどの理由によって入居が困難になっている障

害者に対して、入居契約の締結に向けた支援を行います。具体的には、市町村もしくは市町村から委託を受けた指定相談支援事業者が、不動産業者に対する障害者への物件あっせんの依頼や、入居手続きの支援、家主等に対する相談・助言、入居後の相談窓口を設けるなどの支援を行います。

② 関係機関との連絡体制の整備など

利用者が住居において生活していく上で直面する問題に対応するために、関係機関との連絡体制を整備するなどの支援を行います。たとえば利用者が、ホームヘルパーや訪問看護などの利用が必要になった場合に備えて、直ちに必要なサービスの提供が可能なように、連絡調整を行っておく必要があります。

また、「24時間支援」と呼ばれる支援がとくに重要です。これは夜間を含め、緊急な対応が必要になる場合に備えて、迅速に必要な治療などが受けられるように医療機関との連携・調整を行う事業です。家族等への必要な連絡体制の整備にも取り組んでいます。

なお、国土交通省は、障害者の他に高齢者、子育て世帯や外国人の賃貸住宅への入居を支援する「あんしん賃貸支援事業」を実施しており、居住サポート事業との連携が図られています。

■ 居住サポート事業 ……………………………………………………

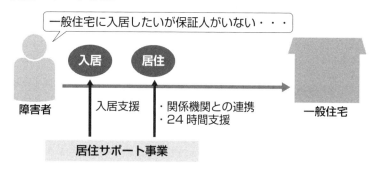

28 地域活動支援センターの活動について知っておこう

活動内容によって、Ⅰ型、Ⅱ型、Ⅲ型に分けられる

■■ 地域活動支援センターとは

　市町村の行う地域生活支援事業として、これまで見たものの他に**地域活動支援センター**における活動があります。地域活動支援センターの利用にあたって、障害支援区分の認定などを受けている必要はありません。そのため、地域活動支援センターのある市町村に在住している障害者やその家族などが広く利用の対象となり、利用者の幅は障害福祉サービスに比べて広くなります。

　地域活動支援センターは、障害者に社会との交流を図る機会や創作的活動や生産活動を行う機会を提供するための施設です。地域活動支援センターを通じて、障害者は自立した日常生活や社会生活を送る上での援助を受け、社会との交流を図り、創作的活動などを行うことができます。また、地域活動支援センターでは、障害者の介護負担などが大きい家族への相談業務なども実施しています。

　地域活動支援センターにおける活動は、創作的活動、生産活動の機会の提供、社会との交流の促進などの便宜を供与する基礎的事業を行います。この基礎的事業に加え、地域活動支援センター機能強化事業として、Ⅰ型・Ⅱ型・Ⅲ型の３つに分けて事業を実施しています。

■■ Ⅰ型、Ⅱ型、Ⅲ型とは

　地域活動支援センターⅠ型は、相談支援事業、地域住民ボランティアの育成、専門職員の配置による医療、地域との連携強化のための調整、障害に対する理解を促進するための普及啓発活動を行うことを内容とした事業です。精神保健福祉士などの専門職員を配置する必要が

あります。**地域活動支援センターⅡ型**は、地域の中での就職が困難な在宅の障害者に対して、機能訓練や社会適応訓練、入浴など自立を促すための支援を実施する事業です。**地域活動支援センターⅢ型**は、地域の障害者が通うことのできる小規模作業所に対する支援を充実させるための事業です。具体的には、地域の障害者のための援護対策として、地域の障害者団体などが実施する通所による援護事業の実績が5年以上の作業所に対する支援などを行います。

　なお、同じ「地域活動支援センター」という名前でも、実施している事業の内容が異なっている場合があります。また、実施主体が市町村であるため、たとえば、引越しにより、今まで使えていたサービスが使えなくなる場合もあります。したがって、住んでいる市町村の窓口で、どんな事業を実施しているのかを確認する必要があります。

　地域活動支援センターには、障害者本人などの意思や人格を尊重して、利用者の人権を擁護し、虐待などを防止するために、責任者を設置するなど必要な体制の整備を行うとともに、職員に対し、必要な研修等を実施することが求められています。

■ 地域活動支援センター

		具体的な内容
地域活動支援センターの分類	Ⅰ型	相談支援事業、地域住民ボランティアの育成、専門職員の配置による医療、地域との連携強化のための調整、障害に対する理解を促進するための普及啓発活動 ※精神保健福祉士などの専門職員の配置が必要
	Ⅱ型	地域の中での就職が困難な在宅の障害者に対する機能訓練・社会適応訓練、入浴など自立を促すための支援
	Ⅲ型	地域の障害者のための援護対策として、地域の障害者団体などが実施する通所による援護事業の実績が5年以上の作業所に対する支援　など

第3章

障害福祉サービスの
利用手続きと費用

2段階の認定調査を経て障害支援区分が決定する

■■ 市町村への申請とサービス等利用計画案について

　ここでは、障害福祉サービスを利用するための具体的な手続きを見ていきましょう。障害福祉サービスを利用したい場合は、居住地の市町村に申請します。注意しなければならないのは、市町村ごとに対応窓口の名称が一定ではないことです。一般に、生活福祉課や障害福祉課などの名称であることが多いようです。具体的に、どの窓口に対して申請すればよいのかがわからない場合は、申請に出向く前に、市町村の総合窓口に問い合わせをしておきましょう。

　市町村は相談支援事業を行っており、障害者が自身に適切な障害福祉サービスの内容や必要な手続きに関するアドバイスを受けることができます。その際は、指定を受けた相談支援事業者からのアドバイスなどを受けることになります。相談支援事業者は、障害者に代わって申請に関する手続きを代行することも可能です。

　相談支援事業者は、都道府県から指定を受けた指定一般相談支援事業者と、市町村長から指定を受けた指定特定相談支援事業者に分類されます。指定一般相談支援事業者は、基本相談支援および地域相談支援を行います。これに対し、指定特定相談支援事業者は、基本相談支援および計画相談支援を行います。そして、計画相談支援のひとつとして、サービス等利用計画案の作成を行うことが含まれます。

　サービス等利用計画案とは、障害支援区分とともに、障害福祉サービスの利用申請の際に提出を求められる書類です。サービス等利用計画案には、障害者が、自身の障害の状況に応じて、提供を希望する障害福祉サービス内容の詳細を記載します。そのため、**セルフプラン**と

も呼ばれています。サービス等利用計画案は、障害者自身が作成することも可能です。しかし、障害者が自分の障害の状態に合わせて、適切な障害福祉サービスの内容を選別するのは容易でないことから、指定特定相談支援事業者とともにサービス等利用計画案を作成するのが一般的です。

　障害福祉サービスの支給決定が行われた後には、サービスの提供を担当する事業者を交えて、サービス担当者会議が開催されます。そして、サービス等利用計画案の内容に基づき、より実践的に、提供するサービスの内容に関する協議が行われ、最終的にサービス等利用計画としてまとめられます。

■■ 障害支援区分はどんなことに活用されているのか

　障害福祉サービスの利用申請を受けた市町村は、障害者の心身の状態を把握し、支援が必要かどうか、どの程度の支援が必要かについての認定を行います。その際に、最も重要な指標になるのが障害支援区分です。**障害支援区分**とは、身体障害者や知的障害者、精神障害者、

■ サービスの利用手続き ・・・

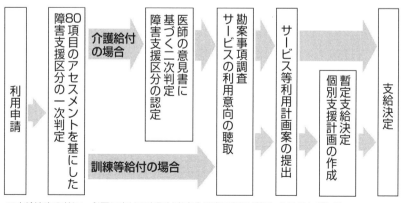

利用申請 → 80項目のアセスメントを基にした障害支援区分の一次判定 →（介護給付の場合）医師の意見書に基づく二次判定障害支援区分の認定 →（訓練等給付の場合）勘案事項調査サービスの利用意向の聴取 → サービス等利用計画案の提出 → 暫定支給決定個別支援計画の作成 → 支給決定

※支給決定の前に、必要に応じて市町村審査会の意見聴取が行われることがある

難病患者等の多様な特性、その他の心身の状態に応じて、必要とされる標準的な支援の度合いを総合的に示す区分です。

障害支援区分は、調査員による認定調査や主治医による医師意見書の内容をもとに、コンピュータによる一次判定、市町村審査会による二次判定を経て判定されます。

判定される障害支援区分は「非該当」「区分1〜6」の7段階で構成されています。区分の数字は、大きい数字であるほど、支援を必要とする度合いが大きいことになります。したがって、「非該当」と判断された場合は、支援の必要性が低く、多くの障害福祉サービスを受けることができません。一方で、「区分6」と判断された場合は、支援の必要性が一番高い状態を示しています。この7段階の判定結果によって、居宅介護や同行援護、短期入所（ショートステイ）など、利用できる障害福祉サービスの上限金額や利用時間などが決まります。

■■■障害支援区分に関する認定調査と具体的な認定方法

市町村は、訪問調査に基づく、障害者の状況、居住の場所、障害の程度、市町村審査会の意見などを総合考慮して、支給決定案を作成することになります。

障害支援区分の認定調査は2段階に分かれています。認定調査員による訪問調査の結果と主治医の意見書の内容をもとにコンピュータによって判定が行われる**1次認定調査（1次判定）**と、認定調査員による特記事項と主治医の意見書の内容をもとに市町村審査会によって判定が行われる**2次認定調査（2次判定）**です。

1次判定に先立って行われる訪問調査については、市町村の職員あるいは指定一般相談支援事業者の相談支援専門員が認定調査員として調査を行います。認定調査員が障害者の自宅などを訪問して、障害者本人や家族に関する基本的な情報や、介護の有無・現在受けている福祉サービスの有無など、生活状況全般に関する質問が行われます。回

答が得られた情報については、概況調査票に記入されます。

　あわせて、利用者に対してどのようなサービスを行うのがよいかについても聴取が行われます。具体的には、6種類のカテゴリー（全80項目）に分類された障害者の心身の状況や活動などについて、障害者などに質問を行い、回答を得る形で、該当項目に関して「できる」あるいは「できない」などのように、認定調査票に聴き取った結果を記入していきます。認定調査員が明確に判断できない場合は、特記事項として判断が困難であることを記入し、後の判断の材料とします。

　以上の認定調査員による訪問調査の結果と、主治医の意見書の内容をもとに、1次判定としてコンピュータによる判定が行われます。1次判定では、認定調査項目（80項目）の結果および医師意見書（24項目）の一部項目をふまえ、判定ソフトを活用したコンピュータ処理がなされます。認定調査項目には訪問調査における事項と同様に、移動や動作等に関する項目、日常生活等に関する項目、行動障害に関する項目、意思疎通に関する項目、特別な医療に関する項目、その他の項

■ 障害支援区分認定の調査項目 ………………………………………

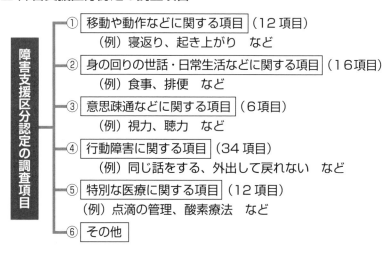

障害支援区分認定の調査項目

① 移動や動作などに関する項目（12項目）
　　（例）寝返り、起き上がり　など

② 身の回りの世話・日常生活などに関する項目（16項目）
　　（例）食事、排便　など

③ 意思疎通などに関する項目（6項目）
　　（例）視力、聴力　など

④ 行動障害に関する項目（34項目）
　　（例）同じ話をする、外出して戻れない　など

⑤ 特別な医療に関する項目（12項目）
　　（例）点滴の管理、酸素療法　など

⑥ その他

目などがあります。医師意見書は、まひ、関節の拘縮、生活障害評価（食事・生活リズムなど）などが調査項目になっています。

　その後、1次認定調査（1次判定）と、認定調査員による特記事項と主治医の意見書の内容をもとに市町村審査会によって行われる判定が、2次認定調査（2次判定）です。2次認定調査（2次判定）まで通ると、ようやく障害支援区分の認定が決定し、申請者へ結果が通知されることになります。

　障害支援区分には有効期限があり、原則として3年間有効です。ただし、障害の状況や程度が刻一刻として変化することもあり、3年間という有効期間では、適切に障害の程度を把握することが困難な場合も少なくありません。そこで、身体・精神障害の程度が容易に変動することが見込まれる場合、障害者の生活環境が大きく変動する場合、その他市町村審査会が認めた場合には、3か月から3年の間で、より短縮した有効期限を定めることも認められています。

　無事に障害支援区分の認定が終わると、続いて市町村による勘案事項調査（社会活動、介護者、居住などの状況についての調査）が行われます。この際に注意しなければならないのは、障害支援区分は、あくまでも勘案事項の一要素だということです。したがって、障害支援区分の認定が行われたからといって、障害福祉サービスの利用が可能になるという保証はありません。たとえば、個別の障害者が住んでいる地域において、十分な障害福祉サービスの提供ができる環境が整っていない場合には、支給決定がなされないこともあります。この勘案事項調査に通ると、支給を受ける障害者に対し、サービスの利用意向の調査（聴取）が行われます。なお、訓練等給付のサービスについては、支給の要否を判断するために、一定期間サービスを利用することができます（暫定支給決定）。

　障害者のサービス利用意向の確認後、サービス利用等計画案の提出が行われます。さらに、市町村審査会の意見をもとに、支給の要否が

決定され、支給が決定した障害者には、障害福祉サービス受給者証が交付されます。

■■ 実際に支給されるサービスの量はどのように決定されるのか

　支給決定を受けた障害者が、どの程度の障害福祉サービスを利用することができるのかについて、障害者総合支援法は、具体的な基準を定めているわけではありません。そのため、具体的にどの程度の量のサービスを支給するのかについては、原則として市町村に幅広い裁量が認められています。

　市町村に比較的広い裁量が認められている理由として、障害福祉サービスの財源が公費負担（税金）であることが挙げられます。市町村は、限られた財源の中で公平性に考慮しつつ、財源の他にも、施設などの物的資源や職員数の確保などにも注意しながら、安定的に提供できるサービスの量などを見極めています。ただし、市町村の判断（提供するサービスの量など）があまりにも合理性を欠く場合は、障害者側から必要なサービスが提供されていないとして訴訟を提起され、その中で市町村の判断が違法と判断されるおそれもあります。

■ 支給されるサービスの量の決定 …………………………………

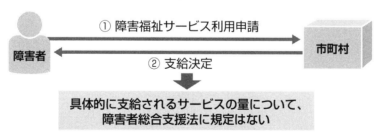

① 障害福祉サービス利用申請

障害者　　　市町村

② 支給決定

具体的に支給されるサービスの量について、障害者総合支援法に規定はない

∴財源・施設などの物的資源・職員数の確保などを考慮して

市町村が決定することができる【原則】

※あまりに合理性を欠く場合には、障害者側から訴訟の提起を受けて違法と判断されるおそれがある

■■ 暫定支給決定とは

　暫定支給決定とは、障害者に対して、本格的な訓練等給付を行う前に、一定の期間に限って給付を行うことをいいます。これにより、障害者に提供するサービスが利用者にとって本当に役に立っているかどうかを判断することができます。自立訓練や就労移行支援などのサービスを希望する場合は、まずは一時的な給付をする暫定支給決定が行われます。一定の期間訓練等給付を行い、利用者にサービスを継続して受けていく意思があるのかどうか、最終的な意向を確かめることが目的です。そのサービスが利用者にとって効果的なものであるかどうか、また、適切なサービスといえるかどうかといった点を判断することも、暫定支給決定の目的です。

　たとえば、自立訓練（機能訓練と生活訓練）のサービスの必要性については、IADL項目（清掃、洗濯、入浴、調理、買い物、食事、交通利用）と生活項目（洗顔、整髪、薬の服用、歯磨き）の２つを基準にし、サービスが障害者にとって適切であるかどうかを判断します。障害者自身の利用意思も重要な支給決定基準です。訓練等給付が適切と判断されれば、サービスを提供する事業者が利用者個々に対して、訓練期間や目標などを設定し（個別支援計画案）、それに基づいて、本格的に訓練等給付の決定が行われることになります。

　暫定段階で支給が適切と認められない場合は、サービスを提供する事業者の変更やサービス自体の変更が行われます。暫定支給の期間については、原則として更新は行われません。ただし、暫定支給の終了段階で、一定の改善が見られる場合や、再評価の必要があると判断された場合は、暫定支給の期間が延長されることがあります。

2 サービス等利用計画を作成する

指定特定相談支援事業者に本人・家族の意向を伝えることになる

■■ 障害者ケアマネジメントとは何か

　障害者ケアマネジメントとは、単に福祉サービスを提供するだけでなく、障害者が自ら希望する生活を送れるようにするため、ケア計画を作成した上で、福祉・保健・医療・教育・就労などに関するさまざまなサービスを総合的かつ継続的に提供することです。障害者自身が自らに適切なサービスの内容を、的確に把握できる場合は少ないといえます。そこで、ケアマネジメントによって、個々の障害者の状況に応じたサービスの助言やあっせんを行うことができます。障害者ケアマネジメントは、障害をかかえている本人の意思をより汲み取ることができるようにするための制度といえます。

　そして、障害者総合支援法に基づく障害福祉サービスは、利用者とサービス提供者間での契約制度になっています。利用者のニーズに合わせて、さまざまなサービスの中から適切なものを選び、その選んだサービスを提供する事業者と契約を結んで、実際にサービスの提供を受けることになります。そこで、個々の利用者のためのサービスのプラン設計や、利用者やその家族への相談支援や補助を行うための障害者ケアマネジメントが導入されています。市町村に障害福祉サービスの利用を申請した場合、ケア計画に該当するものとしてサービス等利用計画が作成されることになります。

■■ サービス等利用計画を作成する際の注意点

　障害福祉サービスの支給決定が行われると、サービス等利用計画を作成します。障害福祉サービスは、これを提供する事業者として指定

を受けた社会福祉法人やNPO法人など（指定障害福祉サービス事業者）により提供されます。**サービス等利用計画**は、どのような障害福祉サービスを、どのような形で利用するのかを計画したものです。

　サービス等利用計画に基づいて、利用者は、指定障害福祉サービス事業者との間で契約を結び、実際にサービスの提供を受けることになります。サービス等利用計画は、個人での作成もできますが、指定特定相談支援事業者に作成を依頼することもできます。指定特定相談支援事業者は、障害者やその家族の意向を聞き入れながら、サービス等利用計画を作成します。サービス等利用計画の作成依頼をする際、利用者側に費用の負担はありません。なお、サービス等利用計画は、市町村による支給決定後に作成するのではなく、支給決定をするにあたっての判断材料とした方がよいことから、支給決定前の段階でサービス等利用計画案の作成・勘案が行われます。

　指定特定相談支援事業者は、サービス等利用計画の作成以外にも、サービス利用のあっせんや契約の援助などを行っています。サービスの利用開始後も、障害者宅を訪問してモニタリング（127ページ）を行ったり、引き続き相談や支援を受け付けたりしています。このような障害者に継続的な支援を行う場合、指定特定相談支援事業者には計画相談支援給付費などの給付が行われています。

■ 障害者ケアマネジメント制度のしくみ ……………………………

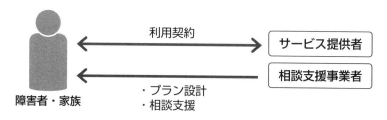

サービス等利用計画書(1)

利用者名：　綾小路　晃子	性別　女　生年月日：昭和 55 年　7 月　8 日　○○歳　住所　市川市北方 2－1－3 9
指定相談支援事業者名・所在地及び計画作成者　市川市西野 2119	相談支援事業所ステップ
初回サービス等利用計画作成日：令和 ○ 年　8 月 25 日	サービス等利用計画変更日：令和　　年　　月　　日
受給者証の有無、有効期間及び番号：	有　令和　　年　8 月 31 日　NO.　　　無

（番号　　） 初回　継続

西海　勝男　印

障害程度区分

非該当	1	2	3	4	5	6	未認定
						○	

利用者及び家族の希望

本人：障害者支援施設で自分の生活をしたい。
今までの病院生活より良い生活をしたい。

家族：自分たちは高齢のために自宅での介護はできない。
施設の中でみんなとうまく過ごしてもらいたい。

相談支援専門員の支援方針

障害者支援施設の生活に早く慣れる。
人生をあきらめることなく、少しでも楽しみが見つかるように支援する。
自分の生活の中に生きがいを探すことができるようにする。

長期目標（1年間）

健康に留意しながら、本人の活動の場が広がるように支援する。

短期目標（2ヶ月）

障害者支援施設の生活に早く慣れていく。
アセスメントの中で、本人のできる活動を探していく。

上限額：　　　　　　　　　　 ０ 円

出典　千葉県ホームページ

サービス等利用計画書(2)

別紙様式4

生活全般の解決すべき課題（ニーズ）	援　助　目　標（目標を達成するべき時期を明記する　必要のあるものは時期を明記）		サービス内容	援助内容（提供期間を明記する　必要のあるものは「頻度」欄に記入）			費　用　（円/月）		
				サービス種別（事業者等）	頻度	サービス費用（全額）		自己負担
						単位	回数	
1　健康に留意して生活したい。	健康に留意し、施設で過ごす。		体調の変化を観察する。	施設入所支援	31	299	31	92,960	9,296
2　日中に出来る活動を行いたい。	他の利用者と一緒に日中活動ができるものを行う。		日中の活動を楽しむ。	希望の青空　生活介護	23日	1052	23	24,960	24,196
3　自分の車椅子がほしい。	車椅子を作成するために関係者と連絡をとる。		車椅子を作成するための情報を提供する。	相談支援専門員　スタッフ	早めに				
4　社会福祉のボランティアがしたい。	入所しながらボランティア活動を行う。		施設の中で出来るボランティアを考える。	相談支援専門員　スタッフ					

サービス利用計画の有効期限	備　考
令和　△　年　8　月　31　日まで	サービス費の合計　347,910　自己負担額　0

食事代として別途費用がかかる。

※週間ケア計画を必要に応じて添付

	本人または代理人の同意
日　付　　令和　○　年　8　月　25　日	
署　名　　■本人　　綾小路　亮子	
□代理人	

3　支給決定や障害支援区分の認定に不服がある場合

不服申立ては都道府県知事に対して行うのが原則である

■■ 不服申立てはどのようなときに行うのか

　障害福祉サービスとして給付される内容などについて、法律は具体的な給付の量を規定しているわけではありません。そのため、障害支援区分の認定、支給決定、利用者負担に関する決定などに対して不服がある場合は、都道府県知事に対して**不服申立て（審査請求）**を行うことができます。障害福祉サービスを利用する上で、市町村による認定や決定（行政処分）が適正でない場合、障害者が等しくサービスを受ける権利が侵害される可能性があるからです。

　たとえば、障害支援区分は、障害のさまざまな特性や心身の状態に応じて6つの区分（＋非該当）が設定され、コンピュータ判定による1次判定の後、市町村審査会による2次判定を経て、市町村がどの区分に該当するのかを決定し、申請者に通知します。障害の程度や認定調査の状況によって、市町村と障害者との間での行き違いなどが生じる可能性があり、そういった場合に不服申立てを行います。

　不服申立てについては、支給決定を行う市町村に対して行うのではなく、公平性や客観性を確保するため都道府県知事に対して行うことに特徴があります。

■■ 不服申立ての手順

　不服申立て（審査請求）を受けた都道府県知事は、都道府県に設置されている障害者介護給付費等不服審査会（不服審査会）に諮問を行います。審査請求の主な対象として、①障害支援区分の認定、②障害支援区分の変更認定、③介護給付費などの支給要否決定、④支給決定

（障害福祉サービスの種類、支給量、有効期間）、⑤支給決定の変更の決定、⑥利用者負担上限月額に関する決定などがあります。

　なお、不服審査会の設置は任意ですが、専門的な機関で公平かつ中立的な立場で審査するため、各都道府県に設置されています。不服審査会の委員などの構成員も、身体障害や知的障害、精神障害の各分野に対してバランスよく配置されることが求められています。

　審査請求をすることができる期間（審査請求期間）は、原則として認定や決定があったことを知った日の翌日から起算して60日以内です。審査請求書を都道府県または市町村に書面で提出するか、口頭で審査請求を行う必要があります。

　その他、障害福祉サービスなどの苦情の受付は、利用している事業所内の苦情解決体制の中で行われます。しかし、事業所内で対応できない場合や直接言いにくい場合は、都道府県の社会福祉協議会に設置されている運営適正化委員会に相談することができます。

　また、介護保険制度をあわせて利用している場合、介護保険制度に関する不服申立て（審査請求）については、各都道府県に設置されている介護保険審査会に申し立てます。

■ **支給決定に対する不服申立て** ……………………………………

（例）支給決定

障害者

①支給決定⇒ 障害者が内容に不満
②審査請求
（①の翌日から60日以内）

都道府県知事
（障害者介護給付費等不服審査会に諮問を行う）

【審査請求の対象】
①障害支援区分の認定、②障害支援区分の変更認定、
③介護給付費などの支給要否決定、
④支給決定（障害福祉サービスの種類、支給量、有効期間）、
⑤支給決定の変更の決定、⑥利用者負担上限月額に関する決定など

4 モニタリングについて知っておこう

利用者のニーズに合っているかサービス等利用計画の再評価を行う

■■ サービス等利用計画の見直し

　モニタリングとは、利用者の状況を定期的に確認して計画見直しなどの必要性を検討することです。障害福祉サービスを利用する際には、サービス等利用計画を作成する必要があり、サービス等利用計画が利用者のニーズに合った計画であるかを確認し、それを基に、再計画や再評価につなげる重要な作業となっています。再評価の課程において、援助の全体目標や生活全般の解決すべき課題、提供される各サービスの目標や達成時期、提供されるサービスの種類、内容、頻度などが再設定されます。サービス等利用計画の作成を指定特定相談支援事業者に依頼すると、担当の相談支援専門員が、定期的に利用者の状況を確認するという方法によってモニタリングが行われます。

　モニタリングの頻度は、市町村や利用するサービスの内容によっても異なりますが、最低でも年に1回は実施されます。個別の支援計画では、PDCAが重要と言われています。つまり、計画（P）、実行（D）、評価（C）、改善（A）のサイクルがうまく回っているほど良いとされます。モニタリングは評価（C）にあたる作業です。

　このように、モニタリングは障害福祉サービスを提供するプロセスの一過程を構成する重要な要素です。そのため、必ず実施しなければならない反面、モニタリングを行った場合は報酬を請求することが認められます。ただし、後述するモニタリング実施期間として定められた期間（モニタリング実施月）以外にモニタリングを行っても、原則として報酬請求の対象には含まれません（一定の業務を行った際に集中支援加算として報酬を請求できる場合があります）。

■■ モニタリング期間

モニタリング期間は、個々の利用者の心身の状況、置かれている環境、援助の方針や解決すべき課題などの他、国が定める標準期間を勘案して決定されます。

たとえば、新規サービス利用者もしくは変更によってサービスの種類・内容・量に著しい変動があった利用者は、利用開始から3か月間は毎月実施します。在宅サービスの利用者は、6か月ごとに1回の実施が基本ですが、障害支援施設から退所するなどによって一定期間集中的に支援が必要な利用者や、常時介護を要する利用者などは、毎月実施します。また、障害者支援施設入所者や重度障害者等包括支援の利用者も、6か月ごとに1回の実施が基本となります。

指定特定相談支援事業者などが、上記をふまえてモニタリング期間を設定し、サービス利用等計画案に記載します。サービス利用計画案は市町村に提出され、市町村では、支給決定などと併せてモニタリング期間の決定を行います。なお、指定特定相談支援事業者を通さず、自らサービス等利用計画を作成している場合は、モニタリングが実施されません。

■■ モニタリングを行う際の注意点

モニタリングを行う際には、いくつか注意点があります。以下、紹介していきます。

① **利用者や家族の視点が中心に置かれた計画を立てているか**

サービスを受ける上で、利用者である障害者やその家族が主体的に参加することが必要不可欠です。利用者や家族のニーズをふまえて、それを充足する計画を立てることが必要です。

② **権利擁護の視点で作成しているか**

権利擁護（アドボカシー）とは、意思疎通が難しい人（判断能力が十分でない人）の権利やニーズを代弁することを意味します。モニタ

リングの際には、サービスの実施状況などから、利用者の不利益が生じていないかを確認する必要があります。実際には、利用者に最も近い障害福祉サービス事業所の責任者から情報を得ることが多いようです。また、サービス提供の現場に出向き、どのような表情で過ごしているか、自分の目で確かめることも必要です。

③　ニーズの変化を見逃していないか

　①の利用者や家族視点の計画作成に共通する部分ですが、前回の訪問から今回の訪問までの間に変化はないか、利用者の障害の状態や健康に変化はないか、家族などの介護者に変化はないか、介護環境などに変化はないか、などを確認する必要があります。変化があったと考えられる場合は、利用者や家族のニーズが変化していることが多く、サービス等利用計画も適していない可能性があります。

　モニタリングの注意点を守りながら、継続的にモニタリングを行うことで、利用者や家族と信頼関係が深まり、より良いサービスの提供につながります。

■ モニタリングにおける考慮事項 ……………………………………

モニタリングにおける考慮事項	障害者などの心身の状況	
	障害者などの置かれている状況	家族の状況
		障害者の介護を行う人の状況
		生活の状況 （日中の活動の状況など）
	サービスによる援助の全体目標	
	提供される障害福祉サービスの種類・内容・量	
	提供される障害福祉サービスの個別目標・達成時期	
	支給決定の有効期間	

モニタリング報告書

※障害者支援施設（生活介護）に入所して半年後の個別支援計画に対するモニタリングです。

利用者名：綾小路晃子

受給者証番号：1212121111

相談支援事業者名：希望の青空

障害支援区分：6

計画作成担当者：井上　香織　㊞

個別支援計画作成日：令和○年8月25日

モニタリング実施日：令和△年2月28日

総合的な支援の方針：障害者支援施設の生活に早く慣れる。人生を諦めることなく、少しでも楽しみを見つけ、自分の生活の中で生きがいを探すことができるようにする。

順位	支援目標	サービス提供状況	本人・家族の感想・満足度	達成度	今後の課題・解決方法	計画変更の必要性	その他留意事項
1	施設の生活の流れを説明し、理解していただく。	施設の生活の流れを実現した印刷物を居室に貼った。担当が何回も説明した。	掲示物を見てだいたいの流れがつかめたので、説明もわかりやすく理解できた。	◎	流れが理解できたので問題はない。	無	行事等の時に説明できることが必要である。
2	入浴や清拭で皮膚疾患の予防を図る。	週2回入浴を実施。除いて清拭を提供した。	週2回入浴でき、清拭も丁寧で気持ちがよい。	◎	皮膚疾患はないが、疾患がある時の対応が不安。	無	皮膚の異状があるため職員の注意が必要である。
3	身体機能の維持を図る。	本人の状態を把握し、週5回リハビリを実施するも予定が、職員の都合が合う予定でできない。	リハビリの回数がおおまりを行いたいので、状態はあまりわからない。	△	障害を負ってからリハビリを行うことになったため、期間が短くなっている。	有	週も5回リハビリができるとよい。
4	外出支援を行い、楽しさを見つける。	9月14日に近くのショッピングセンターまで外出をして買い物と食事をした。	障害を負ってから初めての外出はうれしいが、自分の好きな物を買うことができ利用者は楽しむこと利用者むことができた。	△	2ヶ月に1度という頻度ではこれ以上出来ないが、介護タクシーなどの利用を考えていく。	有	介護タクシーも検討する。
5	自分にあった車椅子を作成する。	役所に相談し、車椅子が作成できる予定。	自分の車椅子ができることになってほしい。	◎	業者に連絡し、シートの色などを確認する。	無	多少時間がかかるものに配慮する。
6	社会福祉に関する事仕生活動ができるようにする。	いろいろな利用者に紹介し、話をしている。	事仕生活動まではいかないが、できる部分から始めていく、相手も思いやることも事仕もできる。	△	社会福祉に関する事仕はまだ難しいが問題は徐々にできることを増やしていく。	無	難しい問題は職員に相談するよう話をする。

達成度は◎、○、△、×で記入する。

計画変更の必要性は有・無で記載する。

計画変更の必要性は・有・無で記載する。・利用者に紹介する。

利用者同意署名欄　△年　2月　28日　利用者氏名　綾小路　晃子

出典　千葉県ホームページ

5 サービスを利用するときの費用について知っておこう

家計の負担能力に応じて負担額を決定する

■■ サービス利用のための負担のしくみ

　障害福祉サービスを利用する場合、利用者は一定の利用料を負担します。この負担額については、利用者や世帯の所得を考慮して料金を決定するという考え方（応能負担の原則）に基づいて決定します。利用料の決定方法には、他に、サービスを利用する程度の多さに応じて、多くの負担を求めるという考え方（応益負担）もあります。応益負担は、サービスの対価としての性格が強く、利用者が不要なサービスを受給することを抑止する役割があります。ただし、本当に必要なサービスが、障害者が低所得である場合には、行き渡らなくなるおそれがあるため、応能負担が採用されています。

　具体的には、市町村は、障害福祉サービスの種類ごとに指定障害福祉サービスなどに通常要する費用につき、厚生労働大臣が定める基準により算定した費用の額から、家計の負担能力その他の事情を考慮して政令で定められた額を控除した額について、介護給付費または訓練等給付費を支給します。

　家計の負担能力が高い人は高額の負担であっても、全額を自己負担しなければならないというわけではなく、利用者の負担額は最大でも利用料の1割となっています。

　サービスの利用料の負担が重くなり過ぎないようにするために、障害者が負担する障害福祉サービスの利用費は、世帯に応じて上限額が設定されています。なお、ここでいう「世帯」とは、障害者の年齢によってその範囲が異なります。具体的には、18歳以上の障害者の場合は障害者とその配偶者、障害児の場合は保護者の属する住民基本台帳

の世帯で所得が判断されることになります。

　世帯の区分は、①生活保護を受給している世帯、②低所得世帯（市町村民税非課税世帯）、③一般1（市町村民税課税世帯のうち、世帯収入が概ね600万円以下の世帯）、④一般2（①〜③以外の者）、の4種類です。

　下図のように、生活保護世帯と低所得世帯については、自己負担はありません。一般の世帯についても自己負担の上限は月額3万7200円とされています。

■ 応能負担の原則 ……………………………………………………………………

応能負担の原則　利用者や世帯の所得を考慮して負担額を決定する

家計の負担能力などを基に設定されている自己負担額（下図）が上限となる
ただし、その自己負担額よりもサービス費用の1割相当額の方が低い場合、1割相当額を負担することになる

■ 利用者負担の上限額 ……………………………………………………………

所得区分	世帯の状況		負担上限額
生活保護	生活保護受給世帯		0円
低所得	市町村民税非課税世帯 （世帯収入が概ね300万円以下）		0円
一般1	【障害者】概ね670万円以下の世帯		9300円
	【障害児】概ね920万円以下の世帯で 　　　　　入所施設利用の場合		
	【障害児】概ね920万円以下の世帯で 　　　　　通所施設、ホームヘルプ利用の場合		4600円
一般2	上記以外 【障害者】市町村民税課税世帯の入所施設利用、 　　　　　グループホーム利用の場合		3万7200円

6 医療型個別減免について知っておこう

医療費や食事など一部の費用が免除される制度のこと

■■ 医療型個別減免とはどんな制度なのか

　障害福祉サービスの利用者負担を軽減するための措置には次ページ図のように、さまざまなものがあります。

　所得別の上限額の制限に加えて、食費などの減免措置、高額障害福祉サービス費（139ページ）、家賃助成など、利用するサービスに応じた負担軽減措置があります。

　医療型入所施設や療養介護を利用する場合、**医療型の個別減免措置**として医療費と食費が減免されます。これによって、障害者が、障害福祉サービスにかかる費用を支払った後でも、一定の金額が障害者の手元に残るように配慮されています。

■■ 障害者についての医療型個別減免

　医療型個別減免措置が適用される対象者は、市町村民税非課税（低所得）者で、療養介護などの療養を行うサービスを利用している人や施設に入所している人です。定率負担、医療費、食事療養費を合算した利用者負担の上限額が、収入や必要な生活費などを考慮して設定され、それを超える部分は免除されます。

　また、20歳以上の入所者の場合、少なくとも２万5000円（障害基礎年金１級受給者などは２万8000円）が手元に残るように、利用者負担額が減免されます。

　市町村民税非課税世帯にある者が、医療型個別減免措置の対象となるためには、申請の際に本人の収入額を示す書類（年金証書・源泉徴収票・市町村の課税証明書など）、必要経費の額がわかる書類（たと

えば、国民健康保険の保険料等を納付した証明書)、その他それぞれの市町村が要求している書類の提出が必要です。

■∷ 障害児についての医療型個別減免

　医療型の個別減免措置は20歳未満の障害児に対しても適用されます。その地域で子を養育する世帯の負担額を考慮して負担額の上限額を設定します。

　利用者が20歳以上の場合、「市町村民税非課税世帯」という所得要件がありますが、障害児の場合には所得要件はありません。

■ 利用者負担に関する配慮措置 ……………………………………………

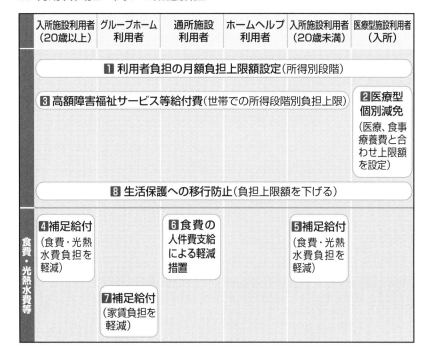

7 食費・光熱水費など軽減措置について知っておこう

年齢や所得に応じた軽減措置がある

■■ 食費や光熱水費は利用者の全額実費負担なのか

　利用するサービスは障害の程度や状況によって変わってきますが、基本的に食費や光熱水費は実費負担です。通所施設を利用する場合には、食費については実費を自己負担します。入所施設を利用する場合、食費だけでなく個室利用料や医療費も自己負担することになります。

　サービスの利用料は最大1割（131ページ）とされていますので、利用者は最大1割の利用料と食費・光熱水費（実費負担）を支払うことになります。

　もっとも、食費・光熱水費を実費で負担しなければならないとすると、それぞれの世帯の事情によっては、経済的負担が過大なものになってしまう可能性があります。そのため、年齢などに応じて最低限のお金が手元に残るように、入所施設者や共同生活援助利用者の食費や光熱水費の一部について**特定障害者特別給付費**が支給されます。特定障害者特別給付費は補足給付と呼ばれることもあります。

　また、サービスの申請をしてから支給決定までの間に緊急的にサービスを利用したり、基準該当サービスを利用した障害者に対しては、食費と光熱水費の一部について特例特定障害者特別給付費が支給されます。特例特定障害者特別給付費も、障害福祉サービスを受ける者の経済的負担が過大にならないことを目的として支給されている給付です。

■■ 食費や光熱水費はどの程度まで軽減されるのか

　20歳以上の施設入所者への補足給付は、低所得の人を対象に、食費や光熱水費以外の「その他の生活費」が一定額残るように、食費や光

熱水費に負担限度額を設定します。その他、生活費の額は2万5000円（障害基礎年金1級受給者の場合は2万8000円）と決められています。食費・光熱水費の負担限度額は、必要経費等控除後の収入からその他生活費を差し引いて算出します。

　ただし、就労により得た収入については、2万4000円までは収入として認定しません。つまり就労収入が2万4000円までは食費等の負担は生じないことになります。また、2万4000円を超えた場合でも、超える額については、超える額の30％は収入として認定しません。

　通所施設利用者についても、食費などの負担を軽減するための措置が実施されています。低所得、一般1（所得割16万円未満、グループホーム利用者を含む）の世帯の場合、食材料費のみの負担となり、実際にかかる額のおおよそ3分の1の負担となります（月22日利用の場合、約5100円程度と想定されています）。

　なお、食材料費については、施設ごとに額が設定されます。そのため、施設は事前に、実費負担として利用者から徴収する額（補足給付額と分けて記載する必要があります）を契約書に明示しなければなりません。あわせて施設は、その額を都道府県に届け出なければならず、これによって、都道府県は、利用者の負担額を確認することができるというしくみがとられています。

▣▣ 障害をもつ子どもの施設利用についての食費などの負担

　食費や光熱水費などの費用については、その負担を軽減するために、補足給付を受給することができます。

　施設入所者が20歳未満の場合にも、補足給付による負担軽減措置を受けることが可能です。ただし、補足給付費の算出方法は、施設入所者が20歳以上の場合とは異なります。20歳未満の場合、すべての所得区分に属する人が対象になります。ただし、18歳・19歳の障害者については、監護者の属する世帯の所得区分を認定して決定されることに

なります。具体的には、①医療型入所施設に入所する障害児については、地域で子どもを養育する世帯と同程度の負担（低所得世帯、一般1については5万円、一般2については7万9000円）となるように負担限度額が設定されており、限度額を上回った額について、減免が行われます。

また、②障害児が福祉型入所施設を利用する場合についても、補足給付の支給額の目安は、地域で子どもを養育する費用（金額は①と同じ）と同様の負担となるように設定されています。

その他、③通所施設を利用する場合にも、食費の減免のための負担軽減措置が行われています。上限額は下図のように設定されています。

■ 補足給付とはどんな給付なのか ……………………………………

概要	入所施設の食費・光熱水費（実費負担分）等に対する負担を軽減する措置
	【20歳以上の場合】 福祉サービスと食費等の実費を負担しても少なくとも手元に25,000円が残るように、給付が行われる
対象者	【20歳以上の場合】 生活保護受給者　区市町村民税非課税（低所得）の者 【20歳未満の場合】 すべての所得区分の者（18～19歳は監護する者の属する世帯の所得区分を認定して決定する）

■ 通所施設を利用する障害児の食費負担軽減措置（月22日利用の場合）

所得の状況	上限額
低所得	1,540円
一般1	5,060円
一般2	14,300円 ※軽減なし

■■ その他の軽減措置

　医療費や食費の減免措置の他にも、グループホーム利用者へ家賃を助成する制度や、生活保護への移行を防止する措置などがあります。

・グループホーム利用者への家賃助成

　グループホーム（76ページ）の利用者が負担する家賃を対象として、利用者1人あたり月額1万円を上限に補足給付が行われます。家賃が1万円未満である場合は、実費として支払った額が支給されることになります。家賃助成の対象者は、生活保護世帯、市町村民税非課税（低所得）世帯に該当する利用者です。

　家賃助成の申請をする際には、過去1年間の収入額を証明する書類、グループホームの家賃額を証明する書類、住民税の課税（非課税）証明書などを提出する必要があります。過去1年間の収入額が、各自治体が定める基準を上回っている場合には家賃助成を受けることができません。なお、対象となるグループホームには、重度障害者等包括支援の一環として提供されているものも含まれます。

・生活保護への移行防止

　上記の負担軽減策が講じられても、実費負担をしたことにより生活保護の対象となる場合には、実費負担を生活保護の対象にならない額まで引き下げます。

■ グループホーム利用者への家賃助成の額 ……………………………

家賃が1万円未満	実費を支給
家賃が1万円以上	1万円（上限）を支給

8 高額障害福祉サービス費について知っておこう

負担した金額が上限を超えた場合には償還払いが受けられる

■■ 家族に複数の障害者がいる場合の特別な軽減措置

障害福祉サービスを利用する人が同一世帯に複数いる場合には、個人個人ではなく、世帯全体で合算された金額が利用者負担の上限（132ページ図参照）と比較されます。同じ世帯で、障害福祉サービスを受ける者が複数いる場合などには、世帯として支払う費用の額が大きくなってしまいます。そのため、そのような世帯の負担を軽減するために**高額障害福祉サービス費**が支給されます。

また、利用者が障害福祉サービスと介護保険法に基づくサービスを両方受けた場合で、かかった費用の合計額が一定の限度額を超えるときには、その超えた分についても高額障害福祉サービス費が支給されます。利用者が障害児の場合で、障害福祉サービスと児童福祉サービスを両方受けたというケースでも、同様に、限度額を超える分については高額障害福祉サービス等給付費が支給されます。

なお、障害福祉サービスの他に、補装具の支給や介護保険サービス、障害児支援サービス等を受けているという場合には、まずは各サービスの利用で負担した費用を世帯で合算した上で、高額障害福祉サービス等給付費の金額を算定することになっています。

■■ 高額障害福祉サービス費の具体的な計算方法

同じ世帯に障害者・障害児が複数いる場合などで、利用している障害福祉サービス等の利用者負担額が高額になる場合、1か月の負担額の合算が基準額を超えていれば、その超えた部分について払戻しを受けることができるのが高額障害福祉サービス等給付費の制度です。高

額障害福祉サービス費の給付は、いったん通常どおりサービス費を支払い、その後申請して受給する償還払いによって行われます。申請できるのは、利用者負担額を世帯で合算し、そこから基準額を差し引いた額です。基準額は世帯の収入状況や利用しているサービスのパターンによって異なりますが、一般の課税世帯で、障害福祉サービス・障害児支援・補装具等のいずれか2つ以上を利用している場合は、3万7200円となっています。

たとえば夫婦と知的障害のある子どもの3人家庭で、妻が交通事故に遭って下半身まひの身体障害者となり、障害福祉サービスと補装具の利用を始めたとします。子どもの通所支援にかかる利用者負担額が2万円、妻の日常生活支援にかかる利用者負担が3万円、補装具にかかる利用者負担が1万円だとすると、この世帯の利用者負担額は月6万円になります。ここから基準額の3万7200円を差し引いた2万2800円が、高額障害福祉サービス費の支給対象となります。

また、高額障害福祉サービス費について、注意しなければならないのは、対象になるサービスが、障害者総合支援法に基づく障害福祉サービスに限られないということです。具体的には、介護保険法に基づく訪問介護などの介護福祉サービス、障害児の場合には児童福祉法に基づく入所・通所サービスの利用費なども対象に含まれます。そのため、たとえば、1人の障害者であっても、障害福祉サービスと介護福祉サービスを合わせて受給しており、両者の利用者負担額の合算額が、3万7200円を超える場合には、超過分について償還を受けることができます。

■■■高額障害福祉サービス等給付費の支給対象者の拡大

高額障害福祉サービス等給付費の支給については、障害者総合支援法76条の2に規定が置かれています。この高額障害福祉サービス等給付費の支給対象者については、これまで一定額以上の費用を負担して

いる「支給決定障害者等」というように規定が置かれていました。つまり、障害福祉サービスの支給決定を受けている障害者でなければ、高額障害福祉サービス等給付費を受けることができませんでした。

しかし、平成28年（2016年）の改正により、高額障害福祉サービス等給付費の支給対象者が拡大されました。具体的には、「65歳に至るまでに、相当の長期間にわたって、障害福祉サービスを利用してきた低所得の高齢障害者」が、引き続き障害福祉サービスに相当する介護保険サービスを利用する場合については、65歳以降も高額障害福祉サービス等給付費を受けることができることになりました。

障害をもつ高齢者は、65歳を超えると、介護保険法と障害者総合支援法の双方の制度の適用を受けることになりますが、両者が重複した場合には、介護保険法が優先されるという原則が存在しています。そのため、65歳を超えると、障害福祉サービスの支給決定を受けることができなくなり、高額障害福祉サービス等給付費も受けることができなくなります。その結果、費用の負担が増えてしまい、生活に困窮する高齢障害者が多く生じてしまうという事態が起きていました。

そこで、高齢障害者の所得の状況や障害の程度等の事情を考慮し、介護保険サービスの利用者についても、障害福祉制度によって負担を軽減できるしくみが整備されました。

■ 高額障害福祉サービス費のしくみ ……………………………………

	（上限の額）	（償還払いされる額）
障害福祉サービス等の利用者負担額の世帯合計※	高額障害福祉サービス費算定基準額	高額障害福祉サービス費の支給対象額

（左の枠から真ん中の枠を引き、右の枠と等しい）

※合算の対象
・障害福祉サービス　・補装具
・介護保険サービス　・障害児支援サービス

Column

障害者施設における金銭管理

　障害者が信託会社と信託契約を締結していない場合、障害者施設は、利用者から依頼を受けて、預金通帳・印鑑・カードなどを管理することがあります。そして、利用者が施設側への意思表示が可能な状態であれば、利用者の意思に応じて、施設の職員が利用者のために物品の購入や預金の引き出しを行います。ただし、利用者と施設側とは経済的に利益相反の関係にあります。このことを施設側は十分に認識しておく必要があります。そのため、物品の購入や預金の引き出し行為などが利用者の意思に基づいていることを、その都度しっかりと確認しなければなりません。

　また、利用者の判断能力が十分でないにもかかわらず、多額の金銭を預かることは控えるべきです。利用者の家族から依頼されて出金をする際には、家族が利用者の金銭を扱う権限をもっているのかを確認することが必要です。

　金銭に関するトラブルを回避して、サービスの向上を図るためには、施設側が利用者の金銭を管理する場合に備えて、その管理方法を徹底する必要があります。具体的には、施設の職員が利用者の金銭を流用できないようなシステムを構築しておかなければなりません。防犯システムを強化することも大切です。管理方法に不備があった場合、行政指導や行政処分の対象となり、事業者指定の取消しがなされる可能性もあります。

　なお、施設の職員による利用者の財産の流用があった場合、さまざまな民事上・刑事上の責任が発生します。具体的には、施設を運営している法人は、民法上の使用者責任に基づき、被害者に対して損害賠償責任を負います。また、流用をした職員自身は、民法上の一般不法行為責任に基づき、被害者に対して損害賠償責任を負う他、窃盗罪や業務上横領罪により処罰される可能性もあります。

第4章

障害福祉サービス事業を
開始するための法律知識

1 障害福祉サービス事業開始の手続きについて知っておこう

事前に都道府県等の担当部署に相談をしてから申請手続きを行う

■■ 障害福祉サービス事業を始めるときの手続きの流れ

居宅介護（50ページ）、療養介護（62ページ）、短期入所（60ページ）など、障害者総合支援法の規定に基づき提供されるサービスのことを総称して**障害福祉サービス**といいます。

障害福祉サービスを提供する事業者となるためには、人員・設備・運営に関する基準等を満たした上で、都道府県知事等（原則として都道府県知事、政令指定都市や中核市はその市長）の指定を受けなければなりません。また、指定を受けた事業者は、6年ごとに指定の更新をすることも必要です。この指定を受けている事業者のことを**指定障害福祉サービス事業者**といいます。

事業者が障害福祉サービス事業を始めるには、提供するサービスの種類や事業所ごとに、「サービス管理者等を配置する」「必要な設備や備品を備える」「運営規程を定める」などの人員・設備・運営に関する基準等を満たした上で、都道府県知事等に指定の申請をしなければなりません。この場合、いきなり申請するのではなく、事前に都道府県等の担当部署に相談するのが一般的です。その後、指定申請書などの必要書類を提出すると、審査が行われます。審査の結果、問題がないと判断されれば、指定を受けることができます。一方、問題があると判断された場合には、申請は却下され、指定は受けられない結果になります。

たとえば、東京都では、指定は毎月1回行われており、申請書類が受理された翌々月の1日付けで指定を受けることができます。詳しい指定手続きの流れは、各都道府県等によって異なりますので、該当す

る申請先に確認するようにしましょう。申請の内容が基準等を満たしていれば、指定障害福祉サービス事業者として認定されますが、従業者の知識が不足している場合や、適正な事業の運営ができないといった場合は、認定を受けることができません（151ページ）ので注意が必要です。

▓▓ 指定を受けるための要件

障害福祉サービスを提供する事業者の指定は、サービスの種類や事業所ごとに行われます。指定障害福祉サービス事業者となるためには、次の要件をすべて満たすことが必要です。

① 申請者が法人格（株式会社、NPO法人など）を有すること
② 事業所の従業者の知識・技術・人員が、省令や申請先の都道府県等の条例で定める基準を満たしていること
③ 省令や申請先の都道府県等の条例で定める基準に従って適正な事業の運営ができること
④ 欠格事項（禁錮以上の刑に処せられて執行が満了していない者、指定取消しから5年を経過していない者、指定の申請前5年以内に障害福祉サービスに関し不正な行為や著しく不当な行為をした者など）に該当しないこと

■ 障害福祉サービスなどを提供したい場合 ……………………………

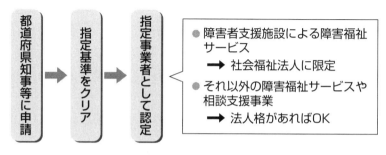

なお、介護保険の場合は、サービスの提供側の環境が整っていないことを理由に支給決定が拒否されません。しかし、障害福祉サービスの場合は、障害者側の事情の他に、サービスの提供側の環境なども支給決定の可否の重要な判断要素になります。

■■ 事業者が受け取る報酬のしくみ

　障害福祉サービスを提供した事業者は、対価として報酬を受け取ります。報酬を算出するには、まず総費用額を計算する必要があります。障害福祉サービスは、種類ごとに単位数が定められています。たとえば、居宅介護サービスのうち、日中に行う30分以上1時間未満の居宅における身体介護は396単位です（令和3年4月改定）。この単位数に10円を基本とした地域ごとに設定されている単価を掛けた金額が、原則的な総費用額となります。たとえば、東京23区内（1級地）は、居宅介護の1単位当たりの単価は11.40円と設定されています（令和3年4月改定）。

　このようにして計算された総費用額のうち、サービスを利用した障害者が負担能力（所得）に応じて自己負担をする分（最大で総費用額の1割）を除いた金額が、介護給付費または訓練等給付費として事業者に支給されます。

　ただし、サービスの提供方法によっては、加算や減算が行われます。たとえば、事業所において喀痰吸引の体制を整えている場合は加算の対象となり、事業所の定員が一定以上超過している場合は減算の対象となります。

　各サービスの具体的な報酬の算定基準は「障害福祉サービス費等の報酬算定構造」で定められています。この算定基準は、社会の要請に合わせて、原則3年ごとに改定が行われています。最近では、令和3年4月に改定が行われており、次回は令和6年4月に改定が行われる予定です。

2 支援をする事業者にはどんな種類があるのか

施設や相談支援などがあり、株式会社の形態で実施できる事業もある

■■ 事業者にもいろいろある

障害者や障害児に対してサービスの提供などの支援を行う事業者には、主として以下の種類があります。施設や相談支援などがあり、法人の形態を問わず実施できる事業もあります。

① 指定障害福祉サービス事業者

居宅介護（50ページ）、重度訪問介護（52ページ）などの障害福祉サービスを提供する事業者です。指定障害福祉サービス事業者は、事業の運営が適正に行われる体制を整備する必要があり、責任者の配置、法令順守規程の作成、外部監査の実施などが求められます。

② 指定障害者支援施設

障害者に対して、施設入所支援（74ページ）を行うとともに、施設入所支援以外の施設障害福祉サービスを行う施設です。ただし、のぞみの園（重度の知的障害者に対して支援を行う国の施設）や児童福祉施設は障害者支援施設には含まれません。

③ 指定障害児通所支援事業者

児童発達支援、居宅訪問型児童発達支援、放課後等デイサービス、保育所等訪問支援（180ページ）を行う事業者です。

④ 指定障害児入所施設

障害児に対して、日常生活の世話や、社会生活で必要な技能・知識の教育を行う施設です。施設には医療型と福祉型があります。

⑤ 指定障害児相談支援事業者

障害児が障害児通所支援（児童発達支援、放課後等デイサービスなど）を利用する前に、障害児支援利用計画を作成し、一定期間ごとに

モニタリングを行うなどの支援を行う事業者です。

⑥　指定特定相談支援事業者

基本相談支援（必要な情報提供や助言）と計画相談支援（サービス等利用計画の作成、一定期間ごとのモニタリングなど）の両方を行う事業者です。

⑦　指定一般相談支援事業者

基本相談支援と地域相談支援の両方を行う事業者です。地域相談支援は地域移行支援と地域定着支援の総称です（94ページ）。地域移行支援を行う事業者を指定地域移行支援事業者、地域定着支援を行う事業者を指定地域定着支援事業者といいます。

なお、①～⑦のそれぞれの名称の最初につく「指定」は、都道府県の指定を受けているという意味です。また、①障害福祉サービス事業、③障害児通所支援事業、⑤～⑦の相談支援事業は、株式会社やNPO法人など、法人の形態を問わず運営主体になることができます。しかし、②障害者支援施設、④障害児入所施設の運営主体は、国・地方公共団体・社会福祉法人を想定していることがあるため、確認することが必要です。

■ 支援を行う事業者の種類 ……………………………………………

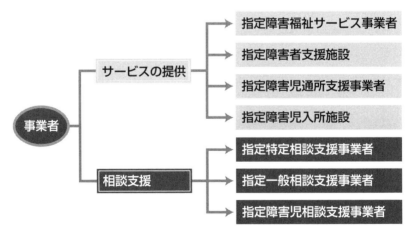

3 事業者になるための基準について知っておこう

指定基準や最低基準を満たす必要がある

■■ 指定基準と最低基準が定められている

　事業者が、障害福祉サービス事業者の指定を受けるために必要となる基準には、厚生労働省が定めた「指定障害福祉サービスの事業等の人員、設備及び運営に関する基準」（**指定基準**と呼ばれています）、「障害福祉サービス事業の設備及び運営に関する基準」（**最低基準**と呼ばれています）などがあります。

　指定基準には、サービス提供の主体となる事業者が遵守すべきさまざまな基準が定められています。事業者が指定基準に従ってサービスを提供することで、障害福祉サービスの質が確保されることになります。また、申込時における重要事項に関する書面の交付・説明や、支払いを受けた際の領収証の交付など、事業の実施が適切に行われるための基準も定められています。

　最低基準には、施設の規模、事業所の構造設備、職員の人数や資格など、一定のサービスについて、適正な事業運営がされるために最低限必要とされる基準（直接的には支援に関わらない部分についての基準）などについても定められています。

　そして、指定基準や最低基準で定められている基準は、障害福祉サービスごとに異なっています。

　なお、事務所などの直接サービスの提供に関わらない設備などについては、明文上の規制は設けられていません。また、居室の床面積などの面積や規模を定める規制は、サービスの質を維持するために必要最小限のものとしています。その理由は、事業に過度の費用負担がかかることや、地域間の不公平になることを避けるためです。事業者の

新規参入を促し、従来の基準では必要な面積が確保できなかった地域でもサービスを提供できるようにしています。地域によっては、空き教室や空き店舗などを利用するようになれば、設備などの有効利用もできますし、地域活性化につながる可能性もあります。

■ 人員基準・設備基準・運営基準の特徴

　障害者総合支援法に定められている障害福祉サービスを提供したい事業者は、前述した指定基準や最低基準をクリアして、指定事業者として認められなければなりません。これらの基準は、人員基準・設備基準・運営基準の３つに大きく分けられます。障害福祉サービスには、居宅介護、生活介護、自立訓練、施設入所支援、共同生活援助など、さまざまながサービスがありますが、それぞれで基準の内容は異なります。しかし、下記の考え方は共通しているといえます。

① 　サービスを提供する際には、障害の種別にかかわらず、共通の基準とすること
② 　サービスの質を向上させるため、サービス管理責任者などを配置することとし、虐待防止などの責務を明確化すること
③ 　利用者に安全なサービスを提供するために必要な面積の区画、設備、備品を設けること、また、身近な地域で利用者のニーズに応じたサービスを提供するため、多機能型の施設も設置可能とすること

　たとえば、療養介護を行う場合は、管理者・医師・看護職員・生活支援員・サービス管理責任者を置く必要があります。同じように、他の生活介護や短期入所といった支援制度の中でも、それぞれ具体的に人員基準について規定されています。

　生活介護を行う場合は、管理者・医師・看護職員・生活支援員・サービス管理責任者を置かなければなりません。事業所の設備については、訓練室・作業室・相談室・洗面所・便所を設ける必要があることが規定されています。他にも、自立訓練（機能訓練）を行う場合は、

管理者・看護職員・理学療法士・作業療法士・生活支援員・サービス管理責任者を置かなければなりません。

このような基準については、最低基準と指定基準の両方に規定されているので、両方の規定を参照する必要があります。

そして、質の高いサービスをより低コストで、一人でも多くの人に提供できるよう、区分・内容・定員・達成度に応じて、報酬が設定されています。

また、施設系事業では、人口規模が小さいところも、地域の特性と利用者の状況に合わせ、複数のサービスが一体となった運営を行う多機能型が認められています。これにより、利用者は自分のニーズに合わせて複数のサービスを受けることができます。

なお、事業者の指定は、6年ごとの更新が必要な他、指定の取消しがなされることもあります。指定が取り消されるのは、人員不足、不正請求、虚偽報告、検査拒否など、一定の不正行為がある場合に限られます（障害者総合支援法50条）。

■■ 事業者としての指定を受けることができない場合

指定障害福祉サービス事業者は、障害者が自立した生活を営むことができるように、障害者の意思決定の支援に配慮するとともに、市町

■ 事業者として指定されるために要求されている基準 ……………

基　準	内　容
人員基準	サービス提供に直接必要になる職員の知識、技能、人員配置などに関する基準を規定している
施設基準	サービスを行う事業所についての基準を規定している。サービスの質を維持するために最低限必要なレベルを要求している
運営基準	サービス提供にあたって行うべき事項や留意事項など、事業を実施する上で求められる運営上の基準を規定している

村、公共職業安定所、教育機関などの関係機関との連携を図りつつ、常に障害者の立場に立って、障害福祉サービスを効果的に提供するように努めなければなりません。

　そのため、障害福祉サービスを提供する事業者としてふさわしくないと判断されると、指定障害福祉サービス事業者としての指定を受けられません。たとえば、以下の事由（欠格事由）に該当する場合、指定障害福祉サービス事業者としての指定を受けられないことになっています（障害者総合支援法36条）。

① 　申請者が都道府県の条例で定める者でないとき
② 　事業所の従業者の知識・技能・人員が、都道府県の条例で定める基準を満たしていないとき
③ 　申請者が、都道府県の条例で定める事業の設備及び運営に関する基準に従って、適正な障害福祉サービス事業を運営することができないと認められるとき

　事業者が欠格事由に該当する場合、利用者に対し、安心・安全な生活を実現させるためのサービスを提供することができないと判断されますので、指定の申請をしても却下されます。

　その他にも、指定を受けようとする事業者は、障害者総合支援法や障害者総合支援法に基づく基準等と関連のあるさまざまな規定（たとえば、建築基準法、消防法、障害者虐待防止法、障害者差別解消法、労働基準法などの規定）についても、遵守していることが求められます。

　なお、指定を受けた後、指定障害福祉サービス事業者が不正請求を行うなど、一定の不正行為が認められた場合は、指定の取消しや更新拒否の対象になります。そして、指定の取消しや更新拒否の判断にあたっては、連座制がとられていることに注意が必要です。連座制とは、指定の取消しや更新拒否の理由になった事業所の不正行為に、その事業所を運営する法人の組織的関与が認められた場合に、その法人と同一グループに属する法人であって、密接な関係を有する法人の運営す

る事業所についても、同様に指定の取消しや更新拒否の他、再登録の拒否が行われることをいいます。立入検査などによって法人の組織的関与の有無を判断した上で、法人の組織的関与が認められる場合に、グループ法人の事業所に対して連座制が適用されることになります。

■■ 基準該当障害福祉サービスとは

基準該当障害福祉サービスとは、指定障害福祉サービスを提供する事業所としての基準は満たしていないものの、介護保険事業所等の基準は満たしている事業所が、市町村に認めてもらうことによって、利用者に提供することのできる障害福祉サービスのことです。離島である、中山間地域であるなどの理由で、基準を満たす事業者の参入が見込めない場合や、特定のサービスの供給が足りない場合などに、提供することが認められます。

本来、基準を満たしていない事業所は、障害福祉サービスを事業として行うことはできません。しかし、一定の要件（介護保険事業所の基準を満たすなど）を満たす事業所であり、かつ、当該地域にサービスの需要がある場合に、基準を満たしていなくても障害福祉サービスを提供することが認められるわけです。

サービスの提供に要した費用は、障害者が受けたサービスの内容に応じて、特例介護給付費または特例訓練等給付費として支給を受けることになります。サービスの内容が、居宅介護・重度訪問介護・同行援護・行動援護・療養介護・生活介護・短期入所・重度障害者等包括支援・施設入所支援の場合は、特例介護給付費が支給されます。また、自立訓練（機能訓練・生活訓練）・就労移行支援・就労継続支援・共同生活援助の場合には、特例訓練等給付費が支給されます。

なお、基準該当障害福祉サービスの給付決定は、市町村の判断になるため、事業者は、該当の自治体に事前に確認することになります。

4 サービス管理責任者について知っておこう

責任の所在を明確にするために配置される

■■ サービス管理責任者はどんな仕事をするのか

サービス管理責任者とは、障害福祉サービスの提供に関するサービス管理を行う者として厚生労働大臣が定めるもののことです。サービス管理責任者は、事業所ごとに配置しなければならないとともに、原則として1人以上は常勤の者でなければなりません。

サービス管理責任者の配置基準は、事業所が提供する障害福祉サービスの種別に合わせて設定されています。たとえば、療養介護・生活介護・自立訓練・就労移行支援・就労継続支援を行う事業所では、利用者60名ごとに1名以上のサービス管理責任者の配置が必要です。これに対して、共同生活援助（グループホーム）を行う事業所では、利用者30名ごとに1名以上のサービス管理責任者の配置が必要です。なお、サービス管理責任者以外の人員配置基準は、提供する障害福祉サービスを維持するために必要な職員に限定して、事業所や施設ごとに設定されています。

サービス管理責任者の具体的な仕事としては、①サービス開始前の考慮事項の把握、②到達目標の設定、③個別支援計画の作成、④継続的利用、⑤終了時の評価が主な内容となっています。サービス管理責任者の仕事は、障害の特性や障害者の生活実態に関して豊富な知識と経験が必要であり、個別支援計画の作成・評価を行える知識と技術がなければ務まりません。そのため、サービス管理責任者になるためには、実務要件や研修要件を満たす必要があります。

■■ サービス管理責任者の実務要件と研修要件とは

　平成31年４月以降、サービス管理責任者の研修要件が変更されています。これまでの相談支援従事者初任者研修やサービス管理責任者等研修の見直しを行い、基礎研修として位置付けました。さらに、基礎研修の受講後にOSJ（実務経験）期間を経て、実践研修（サービス管理責任者等実践研修）を受講することで、サービス管理責任者として配置されます。サービス管理責任者を継続するには、５年毎に更新研修（サービス管理責任者等更新研修）を受講しなければなりません。基礎研修に加えて実践研修や更新研修を行うことで、知識や技術の更新を図りながら実践を積み重ね、段階的なスキルアップを図ろうとしています。

　一方、サービス管理責任者の実務要件は緩和されています。たとえば、直接支援業務の実務要件が10年から８年に短縮され、相談支援業務の実務要件が８年から６年に短縮され、有資格者による相談・直接支援業務の実務要件が３年から１年に短縮されています。

■ サービス管理責任者になるための要件 ……………………………

実務要件
障害者の保健や医療などの分野における支援業務の実務経験（１〜８年）

＋

基礎研修
①相談支援従事者初任者研修（講義部分の一部）
②サービス管理責任者等基礎研修
　（研修講義・演習）を受講
（新規創設）実践研修
　サービス管理責任者等実践研修を受講

＋

（新規創設）
専門コース別研修

※必要に応じて受講
　（任意）

サービス管理責任者として配置

（新規創設）更新研修　サービス管理責任者等更新研修を５年毎に受講

5 事業者の法定代理受領制度とはどんな制度なのか

市町村から利用料が事業者に直接支払われるしくみ

■■ どんな制度なのか

　法定代理受領とは、サービスの利用者が事業者からサービスを受けたときに、利用者が事業者に支払う費用について、市町村が利用者の代わりに支払う制度です（障害者総合支援法29条）。事業者に支払われる費用は、利用者が介護給付費または訓練等給付費として市町村から支給される金額が上限となります。

　法定代理受領は、利用者・事業者双方にとってメリットの大きな制度といえます。まず、利用者側のメリットを見ていきましょう。利用者が事業者から障害福祉サービスを受けたときには、当然ながらサービスの利用料を事業者に支払わなければなりません。利用料の全額を事業者に支払わなければならない場合、いったん障害者が費用の全額を事業者に支払い、市町村に給付申請を行うことによって、後から返還してもらうことになります。この場合、一時的に利用者の負担は重くなるため、それを理由にサービスの利用を制限するようになると、障害福祉サービスの役割が果たされなくなる可能性があります。

　これに対し、法定代理受領は、市町村が、介護給付費または訓練等給付費に相当する金額を、利用者ではなく事業者に支払うことになります。そのため、利用者は、サービス利用時点で、自己負担額を超える分の利用料を事業者に支払う必要がありません。事業者の立場からすると、本来の流れに沿った場合、サービス提供時点において、重い金銭的負担がかかる障害者から、確実に利用料の支払いを受けることができるのかが懸念されます。後から自己負担額を超える金額が障害者に支給されるといっても、障害者に手渡された金額が、確実に事業

者への利用料の支払いに充てられる保証もありません。しかし、法定代理受領を利用すれば、直接事業者に給付費が手渡されますので、事業者は確実に利用料を受け取ることができます。

　以上のように、法定代理受領は利用者・事業者双方にメリットがある制度ですが、本来利用者に支払われるべき給付を事業者に支払うしくみになるため、制度を利用する際には利用者の同意が必要です。各市町村で、法定代理受領の手続きや、契約書や同意書の様式を定めている可能性があるため、市町村に確認する必要があります。

　障害者総合支援法に基づくサービスに関する法定代理受領の具体的な流れとしては、サービスを提供した事業者が、1か月間に利用者に提供したサービスの請求書を当該月末に作成します。作成した請求書は、翌月初旬の締切日までに市町村に提出します。市町村は、提出された請求内容を精査して、問題がなければ事業者に給付費を支給します。なお、実際の事業者からの請求や事業者への支払手続きは、国民健康保険団体連合会が市町村の委託を受けて行っています。

■ 法定代理受領のしくみ ･･････････････････････････････････････

障害福祉サービスなどの
支給決定

市町村

介護給付費などの
支払い（法定代理受領）

サービスの提供

利用者

自己負担分の支払い

事業者

障害者優先調達推進法について知っておこう

障害者就労施設等の経営強化のために定められている

■ どんな法律なのか

　障害者優先調達推進法（国等による障害者就労施設等からの物品等の調達の推進等に関する法律）は、障害のある人の経済的な自立を支援することを目的として平成24年（2012年）6月に成立、平成25年（2013年）4月から施行された法律です。障害者が経済的に自立するためには、就労の場を確保することが必要です。そこで、国等（国、独立行政法人、地方公共団体など）は、これまでにも障害者雇用促進法などに基づき、民間企業での障害者の雇用率向上を図る障害者への職業訓練や職業紹介を行うといった施策を講じており、一定の成果も上がっていました。

　一方、重度の障害があって、通勤が困難である、軽作業しかできないといった事情がある場合、障害福祉サービス事業所などでの就労が中心となります。しかし、障害福祉サービス事業所などの経営基盤は「以前は手作業で行っていた軽作業が機械化でなくなる」「景気に左右されて仕事量が不安定」といった事情で脆弱であることが多く、経済的に自立できる収入を見込めないという現状がありました。

　そこで、障害者優先調達推進法は、国等に対し、障害福祉サービス事業所等、障害者を多数雇用している企業、在宅就業障害者等から優先的に物品・サービスを調達（購入）するよう努力するのを求めることにより、その経営基盤の強化を図っています。

■ どんな事業所・施設などから調達するのか

　国・独立行政法人等は、以下の事業所・施設など（まとめて「障害

者就労施設等」という）から優先的に物品・サービスを調達するように努力することになります。また、地方公共団体・地方独立行政法人は、障害者就労施設等への受注が増大するように、必要な措置を講ずるよう努めることになります。一方、障害者就労施設等は、供給する物品・サービスの情報を購入者に提供し、その質の向上や円滑な供給に努めることが求められます。

・障害福祉サービス事業所等

　障害者総合支援法に基づく事業所・施設等のことで、就労移行支援事業所、就労継続支援事業所、生活介護事業所、障害者支援施設、地域活動支援センター、小規模作業所などが当てはまります。

・障害者を多数雇用している企業

　障害者雇用促進法の特例子会社、重度障害者多数雇用事業所などが当てはまります。

・在宅就業障害者等（在宅就業障害者・在宅就業支援団体）

　自宅等で物品の製造、役務の提供等の業務を自ら行う障害者を在宅就業障害者、在宅就業障害者に対する援助の業務等を行う団体を在宅就業支援団体といいます。

　障害者就労施設等から調達する物品・サービスとしては、①部品加工、パン・クッキー・弁当などの食品製造、家具などの製造、②清掃、クリーニング、データ入力・テープ起こし・ホームページ作成などのパソコン業務、印刷、包装・組立、発送といったサービス業、③手芸品・陶芸品などの自主製品の製造販売が挙げられます。

■ 障害者優先調達推進法に定められている責務 ‥‥‥‥‥‥‥‥‥‥‥‥

国・独立行政法人等	優先的に障害者就労施設等から物品等を調達するよう努める責務
地方公共団体・地方独立行政法人	障害者就労施設等の受注機会の増大を図るための措置を講ずるよう努める責務

Column

社会福祉法人による障害者支援

　社会福祉法人とは、社会福祉法に基づいて、社会福祉事業を行うことを目的に設立された法人のことをいいます。社会福祉とは、障害者、高齢者、子どもなど、社会において弱い立場にある人々を支援することにより、社会全体の生活の質や環境の向上をめざすことを目的としています。支援の範囲は、教育・文化・医療・労働など、多岐にわたります。貧困、社会的な孤立、虐待、DVなど、さまざまな社会問題の解決に向けた取組みを積極的に行っている法人です。

　社会福祉法人は、さまざまな障害者施設を運営することで、各地域において必要な障害者支援を行っています。たとえば、障害者総合支援法に定められた障害者支援施設、身体障害者福祉法に定められた身体障害者福祉センターや補装具製作施設、視聴覚障害者情報提供施設などを運営しています。

　社会福祉法人の特徴は、公益性を持っているとともに、営利を目的としていない（非営利性）点にあります。社会福祉法人を設立する場合は、行政庁による認可が必要です。税法上の優遇措置が受けられるというメリットがある反面、運営について行政から厳しい調査や指導が行われます。

　なお、過去に社会福祉法人のメリットを悪用する事業者が発生したことを背景として、事業運営の透明性を保つことや、適正・公正な財務管理を確保することなどを目的とした社会福祉法の改正が平成28年（2016年）に行われ、経営組織のあり方にも大きく変更が加えられています。たとえば、平成29年（2017年）4月以降、社会福祉法人には評議員会を必ず置かなければならなくなり、また、一定規模以上の社会福祉法人には会計監査人も置かなければならなくなりました。

第5章

障害者や障害児を
支援するための法律と制度

1 発達障害者に対する支援について知っておこう

個人差との違いに注意して支援しなければならない

■■ 発達障害とは

　障害者総合支援法は、支援の対象の一類型に発達障害者を含むことを明らかにしています。発達障害に関しては、発達障害者支援法が定義規定を設けています。これによると、**発達障害**とは「自閉症、アスペルガー症候群その他の広汎性発達障害、学習障害、注意欠陥多動性障害その他これに類する脳機能の障害であってその症状が通常低年齢において発現するものとして政令で定めるもの」と定義しています。そして、これらの障害が、日常生活や社会生活に制限を与えることをいうと規定しています。もっとも、発達障害自体が原因ではなく、発達障害があることによって生じる差別などに代表される、社会的障壁（バリア）による日常生活や社会生活に対する制限も含むことに特徴があります。

① 自閉症

　自閉症とは、他人との関係を築くことが困難であったり、言葉の発達が遅れたり、特定の興味・関心がある事項に執着するなどの症状をいい、主に3歳ぐらいまでに発現します。原因は、中枢神経系の機能不全などであると考えられています。自閉症を患っている場合には、他者と適切にコミュニケーションを図ることが困難であるため、対人関係や社会活動への参加について、大きな制約を受けることになります。

② アスペルガー症候群

　アスペルガー症候群とは、自閉症の症状のうち言葉の発達の遅れをともなわない症状をいいます。知的発達の遅れも見られません。したがって、日常生活や社会生活において、最も問題になるのが、他者と

のコミュニケーションに関する障害です。また、言語能力における発達
には問題が見られませんが、その他の能力の発達は遅い傾向にあります。

③　学習障害

　学習障害とは、知的発達の遅れは見られないものの、読む・書く・
聞く・話すなど、特定の技能の習得が困難な症状をいいます。

④　注意欠陥多動性障害など

　注意欠陥多動性障害とは、年齢不相応な、注意力の欠如、行動にお
ける衝動性・多動性のために生じる行動の障害をいいます。たとえば、
1つの事柄に集中することができない、多動・多弁であるために1つ
の場所でとどまっていることができない、あるいは、思考よりも行動
が先行する傾向が強く、衝動的な行動が多く見られるなどの症状が挙
げられます。

　なお、上記以外にも、連続した言葉によるコミュニケーションをう
まく図ることが困難な吃音などについても、発達障害に含まれます。

■■ 支援するためにどんな法律があるのか

　自閉症や学習障害といった発達障害に対する支援を図るため、発達
障害者支援法が成立しています。発達障害者支援法の主な目的として、

■ 発達障害 ………………………………………………………………………

発達障害の主な分類	具体的な症状など
①自閉症	他人との関係を築くことが困難、言葉の発達の遅れ、特定の興味・関心がある事項への執着
②アスペルガー症候群	自閉症の症状のうち言葉の発達の遅れをともなわない症状（知的発達の遅れも見られない）
③学習障害	読む・書く・聞く・話すなど、特定の技能の習得が困難な症状（知的発達の遅れも見られない）
④注意欠陥多動性障害など	年齢不相応な注意力の欠如・行動における衝動性・多動性のために生じる行動障害

①発達障害者に関する定義を明確化し、発達障害者への理解を促進すること、②発達障害者の日常生活・社会生活の広範な支援、③発達障害者支援に関わる関係機関の協力体制の整備が挙げられます。

　発達障害者は障害者総合支援法の対象となる障害者に含まれますが、自閉症の症状である言葉の発達の遅れや、学習障害に見られる読み・書き・計算力等の全体的な知的発達の遅れは、個人差との線引きが難しく、従来、支援制度の谷間に置かれ、支援が十分ではない状況でした。そこで、支援は全国に98か所（令和5年4月現在）ある発達障害者支援センターで行われています。発達障害者支援センターは、発達障害者やその家族を対象に、各種相談支援を行います。この際には、発達障害者などが来所して、相談に応じる場合もあれば、センターの職員が発達障害者の自宅などに訪問したり、電話による対応も可能です。また、個別の発達障害者に必要な支援を実現するために、個別支援計画を作成し、計画内容を実施します。さらには、発達障害者の就職に関わる支援も担当しています。その他にも、地域住民などを対象に、発達障害に対する理解を深めるために、さまざまな啓発活動も行われています。

　特別な障害を持った人への支援が都道府県の支援機関（病院・施設・リハビリテーションセンターなど）で行われています。特別な障害とは、高次脳機能障害や強度行動障害などを指します。高次脳機能障害とは外傷性脳損傷、脳血管障害などにより脳に損傷を受け、記憶障害などの後遺症が残っている状態を意味します。強度行動障害とは、自分の身体を傷つけたり、他者の身体や財産に害を及ぼすなどといった行動上の問題をかかえた障害のことです。

　発達障害を早期に発見するための制度も設けられています。市町村は乳幼児や就学児に対して健康診断を行い、発達障害の早期発見に努めています。また、市町村は発達障害児の保護者に対して発達障害者支援センターの紹介やその他の助言を行います。

2 障害者虐待防止法について知っておこう

障害者への虐待の防止、早期発見のために制定された法律

■■ 障害者に対する虐待と障害者虐待防止法

障害者に対する虐待は、虐待を行った側が「虐待ではなく指導のつもりだった」と主張することも、虐待が表面化しにくい原因になっていました。また、障害者の中には、自分自身が虐待を受けていることを認識できていない場合がありますし、虐待を受けている認識があっても外部に助けを求める手段をもっていない障害者もいます。

このような問題を解決するために、**障害者虐待防止法**（障害者虐待の防止、障害者の養護者に対する支援等に関する法律）が制定されています。障害者が地域で生活できるよう、さまざまな支援があり、多くの人がこの支援に携わり、多くの障害者の力になっています。一方で、障害者に対する虐待が起きている現実もあります。そこで、障害者虐待防止法は、障害者への虐待を防止し、障害者の権利利益を擁護する目的をもって制定されています。

障害者虐待防止法は、障害者を「身体、知的、精神障害やその他の心身機能の障害があることで、継続的に日常生活や社会生活に相当な制限を受ける状態にあるもの」と定義しています。障害者手帳を所有しているかどうかは要件ではなく、18歳未満の者も含まれます。

■■ どんなことを規定しているのか

障害者虐待防止法における障害者虐待とは、①養護者による障害者虐待、②障害者福祉施設従事者等（主に障害者支援に携わる施設の従業者）による障害者虐待、③使用者（主に障害者を雇用する事業主やその労働者）による障害者虐待をいいます。

なお、養護者とは、障害者の身の回りの世話や金銭管理などを行う家族・親族・同居人などのことです。障害者と同居していない人でも、身の回りの世話などを担当する知人なども養護者に含まれます。

　また、障害者虐待の類型として、①身体的虐待（障害者に暴行を加えることや、障害者の身体を拘束することなど）、②放棄・放置（食事を与えないことや、他者から虐待を受けている障害者を擁護しないことなど）、③心理的虐待（暴言や無視などにより心理的外傷を与えること）、④性的虐待（障害者にわいせつ行為をすることなど）、⑤経済的虐待（障害者の財産を不当に処分することなど）を挙げています。

　たとえば、障害者の身体への暴力は、①身体的虐待にあたります。このような物理的な攻撃だけでなく、障害者が得た労働に対する賃金を勝手に使うことは、⑤経済的虐待にあたります。また、障害者への侮辱的発言は、③心理的虐待にあたります。

　虐待防止のためには、何よりも虐待が起こらないようにすることが重要ですが、虐待が起こってしまったときは、早期に発見・対処しなければなりません。これは、国や地方公共団体だけでなく、障害者支援に携わる者や地域でともに居住する者、さまざまな者の協力で実行することができます。そこで、障害者虐待防止法は、国や地方公共団体について、障害者虐待の防止に関わる責務規定や、障害者虐待の早

■ **障害者虐待防止法** ······························

障害者虐待防止法

【目的】障害者に対する虐待の防止、障害者の権利利益の擁護

【対象】「身体、知的、精神障害やその他の心身機能の障害があることで、
　　　　継続的に日常生活や社会生活に相当な制限を受ける状態にあるもの」

● 擁護者、障害者福祉施設従事者等、使用者による障害者虐待の防止

● 障害者虐待の早期発見の努力義務、通報の義務

● 障害者虐待に関する通報があった場合の虐待防止のしくみ

期発見の努力義務規定を置きました。その上で、障害者虐待を発見した者に対し、速やかな通報を義務付けました。また、学校の長、保育所等の長、医療機関の管理者などには、障害者虐待への対応について、その防止などのための措置の実施を義務付けました。

　障害者虐待防止法では、障害者虐待の通報があった場合における虐待防止のしくみも規定されています。まず、養護者による障害者虐待の場合、市町村に通報され、市町村により立入調査などによる事実確認がなされます。その後、必要な場合には一時保護の他、後見人を選任するために家庭裁判所に対して後見審判請求が行われる場合もあります。次に、障害者福祉施設従事者等による障害者虐待の場合、通報を受けた市町村から都道府県に報告がなされます。報告を受けた都道府県は、監督権限の行使などを行います。また、使用者による障害者虐待の場合、通報を受けた市町村から都道府県へ通知がなされ（都道府県へ直接通報することも可能）、都道府県から労働局へ報告がなされます。報告を受けた労働局は、監督権限の行使などを行います。

　障害者に関する相談は、市町村や指定特定相談支援事業者などで受け付けていますが、障害者虐待についての相談は、市町村障害者虐待防止センターや都道府県障害者権利擁護センターに窓口が設置されています。障害者虐待が行われていることに気づいた者は、これらの窓口に通報・届出をすることになります。

■ **障害者虐待防止法が規定する障害者虐待の類型** ┈┈┈┈┈┈┈┈┈┈

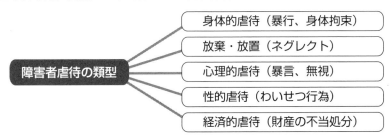

障害者虐待の類型	身体的虐待（暴行、身体拘束）
	放棄・放置（ネグレクト）
	心理的虐待（暴言、無視）
	性的虐待（わいせつ行為）
	経済的虐待（財産の不当処分）

3 障害者差別解消法について知っておこう

障害があることに基づく差別的取扱いが禁止されている

■■ どんな法律なのか

障害者差別解消法（障害を理由とする差別の解消の推進に関する法律）は、すべての国民が障害の有無によって差別されることがない社会や、各々がお互いに人格や個性を尊重し合える社会を実現させることを目的とする法律です。障害者福祉の基本的理念を定めている障害者基本法は、障害があることを理由とした差別行為の禁止や、社会的障壁となっている事項の除去が怠られることにより障害者の権利侵害が生じないよう配慮することなどを求めています。この基本的理念を達成するために、行政機関や事業者の義務を具体的に定めた法律が障害者差別解消法です。

行政機関等（国の行政機関、地方公共団体など）や事業者には、差別解消措置として、①不当な差別的取扱いの禁止と、②合理的配慮の提供を義務付けています。①の「不当な差別的取扱い」とは、正当な理由もなく、障害があることを理由に、飲食店などの入店拒否や医療サービスなどの各種機会の提供を拒否するなど、障害者の権利や利益を侵害する行為のことです。

一方、②の「合理的配慮の提供」の例としては、障害者の利用を想定して建物をバリアフリー化するなど、障害者が利用しやすいように環境の整備することなどが挙げられます。なお、障害者に必要な配慮の内容は多種多様であるとして、事業者による合理的配慮の提供は努力義務にとどめられていました。しかし、令和6年（2024年）4月以降、行政機関等と同様、事業者による合理的配慮の提供も義務化されます。

▐▐ 障害を理由とする差別解消に向けた支援措置

　障害者に対する障害を理由とする差別解消のためには、社会全体にわたる差別解消に向けた意識を高める必要があります。障害者差別解消法は、以下のような取組みについて規定を設けています。

① 相談・紛争防止などのための体制の整備

　国及び地方公共団体は、障害者やその家族などからの相談に応じ、紛争防止・解決ができる体制を整備することが求められています。

② 障害者差別解消支援地域協議会における連携

　障害者が生活する地域ごとの実情に応じ、差別解消のための取組みを効果的かつ円滑に行うため、関係機関により構成される障害者差別解消支援地域協議会を組織することができます。

③ 啓発活動

　差別解消について国民の関心と理解を深めるとともに、とりわけ差別解消を妨げている諸要因の解消を図るため、必要な啓発活動を行うことを求めています。

④ 差別解消に向けた情報の収集・整理・提供

　啓発活動と関連して、国は、障害者差別解消に関する個別の具体例や国内外の法制度などについて、障害者白書などを通じて、情報を整理した上で提供することが求められています。

▐ 障害者差別解消法 ・・・

```
┌─────────────────┐
│ 障害者差別解消法 │ ⟶ 障害者に対する差別の禁止を規定
└─────────────────┘
                      ┌─ 不当な差別的取扱いの禁止（義務）
　　差別解消のための措置 ─┤
                      └─ 合理的配慮の提供（義務）
                         ＊事業者については令和6年4月から義務化
```

```
┌────────────────────────────────────────────────┐
│ 差別解消に向けた支援措置                          │
│ ①相談・紛争解決、②障害者差別解消支援地域協議会における連携、│
│ ③啓発活動、④情報の収集・整理・提供                 │
└────────────────────────────────────────────────┘
```

4 知的障害者、身体障害者、精神障害者を支援する法律について知っておこう

障害者総合支援法の支援対象となる業害者に関する法律

■■ 知的障害者福祉法とはどんな法律なのか

障害者総合支援法の支援対象である「障害者」は、①知的障害者、②身体障害者、③精神障害者に分類されます。なお、障害者総合支援法では、精神障害者の中に発達障害者を含めていますが、発達障害者を対象とする法律として発達障害者支援法が別に存在します。

このうち、障害者総合支援法によると、知的障害者とは「知的障害福祉法にいう知的障害者」のことです。つまり、障害者総合支援法の支援対象になる知的障害者について理解するには、知的障害者福祉法の内容を見ておく必要があります。

知的障害者福祉法は、知的障害者の自立や社会活動への参加を促すために、必要な支援・保護を行うための法律です。もっとも、知的障害者福祉法には、知的障害者について明確な定義規定が置かれていないため、厚生労働省が示した基準に従った運用がされています。厚生労働省が示した基準によると、知的障害者とは、概ね18歳未満に生じる知的機能の障害によって、日常生活に支障があり、特別の支援が必要な状態にある人とされています。

知的障害者に対する障害福祉サービスについては、障害者総合支援法が規定を置いていますが、知的障害者福祉法では、知的障害者に対する支援を行う機関や、知的障害者の判定に関する事項、障害福祉サービス以外の各種支援制度を規定しています。たとえば、国や地方公共団体が、知的障害者への国民の理解を深めるとともに、知的障害者の自立と社会経済活動への参加促進のための援助と必要な保護（更生援護）の実施に努めるべきであると規定しています。

また、知的障害者の生活上のさまざまなサポートを担う機関として、都道府県に対して知的障害者更生相談所の設置を義務付けています。知的障害者更生相談所が取り扱う具体的な事務として、各種相談・支援、知的障害者の判定に関する事項、地域の巡回などが挙げられます。

身体障害者福祉法とはどんな法律なのか

　身体障害者福祉法は、身体障害者の自立や社会経済活動への参加を促すために、必要な支援・保護を行うことを目的とする法律です。身体障害者福祉法における身体障害者とは、身体上の障害がある18歳以上の人で、都道府県知事から身体障害者手帳の交付を受けたものをいいます。そして、身体障害者福祉法の別表において、身体上の障害を以下の5つに分類しています。

① 視覚障害

　両目の視力がそれぞれ0.1以下の人や、両目の視野がそれぞれ10度以内の人などを指します。

② 聴覚・平衡機能の障害

　両耳の聴力がそれぞれ70デシベル以上の人や、平衡機能に著しい障害がある人などを指します。

③ 音声機能・言語機能・そしゃく機能の障害

　音声機能・言語機能・そしゃく機能が失われている人や、それらに

■ 知的障害者、身体障害者、精神障害者を支援する法律 …………

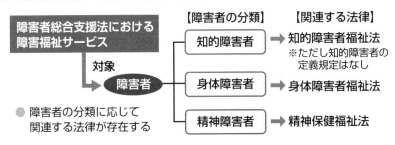

著しい障害があり、その状態が永続する人を指します。

④　肢体不自由

　一上肢・一下肢・体幹の機能に著しい障害があり、その状態が永続する人などを指します。

⑤　心臓・じん臓・呼吸器の障害など

　障害が永続し、日常生活に著しい制限を受ける人を指します。

　その他、身体障害者福祉法は、市町村・都道府県が担当する事務も規定しています。さらに、市町村に設置する福祉事務所、都道府県に設置する更生相談所や身体障害者福祉司など、身体障害福祉に関わる各種機関の役割などについても規定を置いています。

■■ 精神保健福祉法とはどんな法律なのか

　精神保健福祉法（精神保健及び精神障害者福祉に関する法律）は、精神障害者の自立や社会経済活動への参加を促すために、必要な支援・医療・保護を行うことを目的とする法律です。精神保健福祉法における精神障害者とは、統合失調症、精神作用物質による急性中毒や依存症、知的障害、精神病質などの精神疾患を持つ人をいいます。

　精神障害者福祉法は、国・地方公共団体に対し、医療・保護・保健・福祉に関する施策を総合的に実施することで、精神障害者が社会復帰をして自立と社会経済活動への参加ができるように努めることを規定しています。また、必要な機関やその役割についても規定を置いています。具体的には、都道府県は精神保健福祉センターを設置し、精神障害に関する各種相談や知識の普及に努めなければなりません。

　その他にも、必要な事項の調査・審議のために地方精神保健福祉協議会や精神医療審査会などが設置されます。さらに、精神障害者福祉においては精神科病院の役割が大きいため、都道府県に対して精神科病院の設置を義務付けるとともに、さまざまな入院形態などについても規定しています。

5 障害者手帳はどんな場合に交付されるのか

身体障害者、知的障害者、精神障害者でそれぞれ違う

■■ 障害者手帳を受けるには

障害者に対しては、障害の内容に応じて、身体障害者手帳、療育手帳、精神障害者保健福祉手帳が交付されます。

また、それぞれの障害の状態に合わせて、さまざまな福祉サービスを受けることができます。

① 身体障害者手帳

身体障害者手帳とは、身体障害者が日常生活を送る上で、最低限必要な福祉サービスを受けるために必要な手帳のことです。身体障害者の定義にも、都道府県知事から身体障害者手帳の交付を受けた者であることが規定されており、福祉サービスを受ける上でも身体障害者手帳が必要であることがわかります。身体障害者手帳の交付対象となる障害の範囲は、障害の程度の重い方から1級〜6級に分けられます。7級の障害の場合は基本的に手帳交付の対象外です。しかし、7級の障害を複数持っている場合など、交付が認められるケースもあります。

身体障害者手帳の交付を受けるためには、交付申請書と各都道府県知事により指定を受けた医師の診断書が必要です（身体障害者福祉法15条）。

② 療育手帳

知的障害者と認められた人に交付される手帳が療育手帳です。東京都においては、申請があった場合、本人との面接や知能検査などを経て、療育手帳（愛の手帳）を交付すべきか判定します。

知的障害者の定義については、知的障害者福祉法に明確には規定されていません。療育手帳についても、法で定められたものではなく、

厚生労働省の通知に基づき、各都道府県が独自に発行します。療育手帳は、知的障害者と判定されても、必ず持たなければならないものではありません。療育手帳の交付を受けるには、本人が居住している地域の福祉事務所へ申請します。

③　精神障害者保健福祉手帳

　精神障害者とは、統合失調症、精神作用物質による急性中毒や依存症、知的障害、その他の精神疾患をもつ人のことです（精神保健福祉法5条）。

　精神障害者保健福祉手帳は、精神障害のため長期にわたり日常・社会生活において制約のある人の自立と、社会復帰・参加を促進して、各種福祉サービスを受けやすくするために交付されます。なお、精神障害者保健福祉手帳の交付対象者から、知的障害者は除かれます。

　精神障害者保健福祉手帳の申請には、精神保健指定医または精神障害者の診断・治療を行っている医師の診断書が必要になります。精神障害者保健福祉手帳は障害の程度の重い方から1級～3級と等級が分かれており、等級により受けられる福祉サービスが異なります。また、2年間の有効期間があり、有効期限が切れる前に更新手続きをしなければなりません。なお、精神障害の状態に変化があり、現在の等級が適当でないと思われる場合は、有効期限内でも等級の変更申請をすることが可能です。

■ 障害者の種類と交付される手帳 ……………………………………

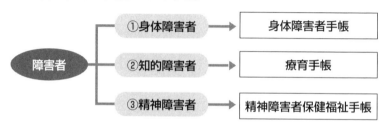

6 児童の教育支援について知っておこう

どの支援が適切かは教育支援委員会が判定する

■■ 特別支援学校

　障害児の教育を目的とした機関には、特別支援学校、特別支援学級、通級、教育支援委員会などがあります。

　特別支援学校は従来の盲学校、ろう学校、養護学校です。平成19年（2007年）の学校教育法改正により、特別支援学校に一本化されました。特別支援学校は、視覚障害、聴覚障害、知的障害、肢体不自由、病弱という障害をもつ児童を対象としています。特別支援学校は、令和5年（2023年）5月時点で全国に1178校存在し、在籍生徒数は高等部が最も多く、6万5000人を超えています。

　特別支援学校では、幼稚園、小学校、中学校、高等学校にのっとった教育を行うとともに、障害に基づくさまざまな困難を改善・克服するために、「自立活動」という特別の指導領域が設けられています。

　また、特別支援学校は地域密着の取組みを基本としています。そのため学校として機能するだけでなく、幼稚園、小学校、中学校、高等学校などに在籍する障害児に対して援助を行うアドバイザーとしての役割も担っています。

■■ 特別支援学級

　特別支援学級は、障害児のために設けられる学級です。通常の学級は普通学級と表現され、特別支援学級と区別されています。

　特別支援学級は、知的障害、肢体不自由、病弱・身体虚弱、弱視、難聴、言語障害、自閉症、情緒障害などといった障害をもつ児童を対象としています。令和5年5月時点の全国の学級数は、小学校・中学

校合わせて931学級で、生徒数は3900人を超えています。

通級

　通級とは、各教科などの授業は普通学級で受けますが、障害の克服に必要な指導だけは「通級指導教室」という特別な場で行う特別支援教育のことです。対象となる障害は、弱視、難聴、肢体不自由、病弱・身体虚弱、言語障害、自閉症、情緒障害、学習障害（LD）、注意欠陥多動性障害（ADHD）などで、障害の程度が比較的軽度の児童を対象としています。令和３年（2021年）３月時点の全国の生徒数は、小学生・中学生合わせて16万人を超えており、そのうち、約９割が小学生です。

教育支援委員会

　教育支援委員会は、多くの都道府県や市町村の教育委員会に設置されています。その職務は、教育委員会が適切な就学指導を行うために、教育学や医学など専門的な観点から教育委員会に助言などを行うことです。

　教育委員会は就学について、調査・面談を行い、教育支援委員会の助言を参考に、就学先について判断します。手続きについては各市町村によって手続きが異なる可能性があるため、教育委員会などに問い合わせて確認してみましょう。

■ 障害児の教育制度 ・・

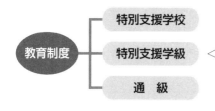

7 児童の通所・入所について知っておこう

障害のある児童に対しても入所・通所の支援サービスが行われる

■■ 児童（18歳未満の者）の通所・入所サービス

　障害者総合支援法の前身である障害者自立支援法の下では、障害のある児童（障害児）の通所・入所サービスについて、障害者自立支援法に基づく児童デイサービスと、児童福祉法に基づく各種の通所・入所サービスが行われていました。現在では、障害児の通所・入所サービスについては児童福祉法に一元化されされています。

　具体的には、主に通所サービス（障害児通所支援）は市町村が実施主体であり、児童発達支援、放課後等デイサービス、居宅訪問型児童発達支援、保育所等訪問支援があります。これに対し、入所サービス（障害児入所支援）は都道府県が実施主体であり、福祉型障害児入所施設と医療型障害児入所施設があります。

　通所サービス・入所サービスともに、サービスの給付決定を受けた場合、障害児の保護者が事業者との間で契約を結び、各種サービスの利用が開始されます。そして、サービスに必要な費用について、各種給付費などが保護者に支給されます。もっとも、障害児の保護者が急死した場合など、各種給付費などの支給を受け取ることが著しく困難な事情がある場合、市町村は、障害児に対して通所サービスを提供する措置をとることが可能です。同様の事情がある場合、入所サービスについても、都道府県は、障害児が要保護児童であるとして、保護のための入所措置をとることになります。

■■ 障害児通所支援

　障害児通所支援とは、主に通所によって、日常生活における基本的

な動作の指導、生活能力の向上のための訓練、知識技能の付与、集団生活への適応訓練、社会との交流の促進などの支援を行うサービスです。具体的には、以下のサービスが設けられています。

① 児童発達支援

　障害児を児童発達支援センターなどの施設に通わせて、日常生活における基本的な動作、知識技能の習得、集団生活への適応のための支援などの便宜を供与し（福祉的支援）、または、これに併せて児童発達支援センターにおいて治療を行うサービスのことです。児童発達支援の対象は、主に未就学児童が想定されています。また、児童発達支援センターにおける治療は、肢体不自由児（上肢・下肢・体幹の機能の障害のある児童）に対して行われるものに限ります。

　児童発達支援を提供するのは、主に児童発達支援センターですが、指定を受けた事業者が障害児や家族に対して福祉的支援を行うことは可能です。児童発達支援センターは、地域における障害児支援の中核的役割を担う施設として、障害児やその家族に対して児童発達支援を提供するとともに、地域で生活する障害児の家族や障害児通所支援を提供する事業者などに対して相談・援助・助言も行っています。

　なお、児童発達支援について、従来は児童発達支援（児童発達支援センターなどが福祉的支援を行う）および医療型児童発達支援（児童発達支援センターが福祉的支援および肢体不自由児に対する治療の双方を行う）に区別されていました。しかし、障害の種別に関係なく身近な地域で必要な発達支援を受けられるようにするため、医療型児童発達支援については、令和6年（2024年）4月に児童発達支援に一元化されることになりました。

② 放課後等デイサービス

　主に学校教育法に規定する学校（幼稚園や大学を除く）に就学している障害児を、授業の終了後または休業日に児童発達支援センターなどの施設に通わせて、生活能力の向上のために必要な支援、社会との

交流の促進などの便宜を供与するサービスのことです。学校教育との相乗効果で、障害児の自立の促進をめざして、放課後の他、夏休みなどの長期休暇を利用して提供される各種訓練などの継続的なサービスです。なお、18歳に達しても引き続きサービスを受けなければ障害児の福祉を損なうおそれがある場合は、20歳に達するまでサービスを受けることができます。

　放課後等デイサービスでは、個々の障害児につき作成される放課後等デイサービス計画に沿って、ⓐ自立支援と日常生活の充実のための活動、ⓑ創作活動、ⓒ地域交流の機会の提供、ⓓ余暇の提供、という基本活動を複数組み合わせてサービスの提供が行われています。

　また、放課後等デイサービスが円滑に提供されるためには、学校との連携や協働が必要です。そこで、学校教育と放課後等デイサービスが一貫して実施されるように、たとえば、学校と事業所との間の送迎サービスなども提供されています。

③　居宅訪問型児童発達支援

　居宅訪問型児童発達支援とは、重度の障害などにより、通所サービスを受けるために外出することが困難な障害児の居宅に訪問し、日常生活における基本的な動作、知識技能の習得、生活能力の向上のため

■ 障害児通所支援のイメージ

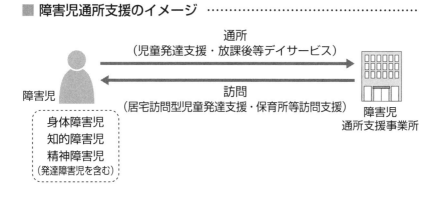

に必要な支援などの便宜を供与するサービスのことです。

　居宅訪問型児童発達支援の対象者として、人工呼吸器をはじめ日常生活において特別な医療が必要な障害児や、重大な疾病が原因で外出により感染症にかかるおそれがある障害児などが挙げられます。これに対し、保護者の送迎が困難であることから通所サービスの利用が困難であるなど、障害児の心身の状態以外の理由により利用することはできません。そこで、居宅訪問型児童発達支援の提供に先立ち、個々の障害児が対象者であるのかを確認するしくみがとられています。

　具体的には、絵・写真を用いた言語に関する活動や日常生活に必要な基本的な動作の訓練など、児童発達支援や放課後等デイサービスと同様のサービスが障害児の居宅で提供されます。また、居宅訪問型児童発達支援を利用する障害児は、体調などが一定ではなく、サービスに関わる活動が負担になる場合が少なくないことから、サービスの提供は1週間あたり2日程度が適切と考えられています。ただし、利用者が児童発達支援や放課後等デイサービスへの移行の見込みがある場合には、移行に向けた支援として、集中的に居宅訪問型児童発達支援のサービスを提供することも可能です。

④　保育所等訪問支援

　保育所等訪問支援とは、障害児がいる保育所や乳児院などの集団生活が必要な施設に訪問し、障害児以外の児童との集団生活への適応のための専門的な支援などの便宜を供与するサービスのことです。専門的な支援を行うことで、障害児が保育所や乳児院などを安定して利用する上で必要なサービスを提供します。対象者は、保育所や乳児院などの集団生活が必要な施設を利用している障害児です。集団生活への適応という観点から保護の要否が判断されるため、発達障害児などを対象に提供されることが多いといえます。訪問先としては、前述した保育所や乳児院の他に、幼稚園、認定こども園、小学校、特別支援学校、児童養護施設などが挙げられます。

サービスの内容は、訪問先において、障害児とその他の児童が集団生活を送る上で必要な支援を行うことです。集団生活を送る上で必要な訓練を障害児本人に行うだけではなく、訪問先の職員などにも支援を行うことに特徴があります。利用者の心身の状況などによって変わりますが、支援は２週間に１回程度の頻度で提供されます。

■■ 障害児入所支援

　障害児入所支援とは、主に障害児入所施設へ入所している障害児に提供されるサービスです。障害児入所施設には、福祉型（福祉型障害児入所施設）と医療型（医療型障害児入所施設）があります。

　福祉型では、障害児に対して保護、日常生活の指導、知識技能の付与が行われます。具体的には、食事・入浴・排泄などの介護サービス、身体の能力向上をめざして行われる各種の訓練、思ったことを適切に相手に伝えるためのコミュニケーションに必要な言語に関する支援などが挙げられます。これに対し、医療型では、福祉型で行われるサービスに加えて、医療サービスの提供（治療）が行われます。具体的には、食事介護において、経口による食事が困難な障害児に対して、胃

■ 障害児入所支援のイメージ ……………………………………

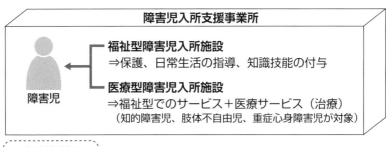

や腸に直接的に栄養を注射するなどの介護が挙げられます。

　障害児入所支援の対象者は、主に身体障害児・知的障害児・精神障害児であり、発達障害児も含まれます。ただし、各種手帳の有無などは問わず、児童相談所や医師の判断で支援の対象に含めるべきとされた児童も対象者に含まれます。また、医療型では、知的障害児、肢体不自由児、重症心身障害児を対象にサービスが提供されます。

　なお、令和6年（2024年）4月施行の法改正で、障害児入所施設から成人としての生活への移行調整の責任主体が都道府県と指定都市であることが明確化されるとともに、18歳以降の障害児入所施設への入所継続が20歳未満から22歳満了時までに延長されることになりました。

▓▓ その他の障害児に対する支援サービスについて

　障害者総合支援法では、障害児へサービスを提供するための体制を計画的に構築することを推進するため、都道府県や市町村に対して障害児福祉計画の策定を義務付けています。また、医療的ケア児が適切な支援を受けられるよう、地方公共団体が保健・医療・福祉などの連携の促進に努めていくことも規定されています。

　医療的ケア児とは、人工呼吸器を装着している障害児など、日常生活を営むために医療を必要とする状態にある障害児のことです。昨今の医療技術は目覚ましい進歩を遂げていますが、その一方で、人工呼吸器や胃ろう、たんの吸引、経管栄養などの医療的ケアが日常的に必要になる障害児が年々増加しています。医療的ケア児が在宅生活を継続していくためには、支援をする側が相互に連携して保健・福祉・保育・教育などのさまざまな支援を提供していく必要があります。地域における連携体制が構築され、実効性のある医療的ケア児への支援を実現していくことをめざしています。

8 児童の相談支援について知っておこう

障害児相談支援事業が整備されている

■■ 障害児の日常生活に関する相談

障害児（身体障害児、知的障害児、発達障害を含む精神障害児）についても、大人の障害者と同様、指定特定相談支援事業者（市町村長が指定した相談事業を行っている事業者）が就学・就職・家族関係といった基本的な相談を受け付けています。

■■ 障害児の障害福祉サービスに関する相談

障害児に関する障害福祉サービスに関する相談支援の体系は、大きく居宅サービスに関する相談と通所サービスに関する相談に分けられます。

① 居宅サービスに関する相談支援

居宅サービスに関する相談支援については、市町村の指定特定相談支援事業者が担当します。これは、障害者総合支援法に基づいてなされる支援です。具体的には、計画相談支援サービス利用に関する相談を受け付けており、相談するとサービス等利用計画を作成するなどの支援を受けることができます。障害児自身が相談を行うことができます。

② 通所サービスに関する相談支援

通所サービスに関する相談支援は、障害児支援利用援助と継続障害児支援利用援助に分類することができます。なお、通所サービスに関する相談支援は、児童福祉法に基づく支援ですので、注意しなければなりません。

・障害児支援利用援助

障害児支援利用援助とは、障害児が通所サービスの受給を申請する

時点で受けられる相談支援のことです。具体的には、児童福祉法に基づき設置される障害児相談支援事業者が、児童発達支援（障害児に対して身近な地域で行われる支援）や放課後等デイサービス（小学校・中学校・高校に通う障害児に対する支援）といった通所サービスの利用に関する相談を受け付けています。障害児相談支援事業者は、障害児や保護者の意向を聴きながら、まず、障害児支援利用計画案を作成します。

　そして、実際に通所サービスの支給決定がなされると、通所サービスを実施する事業者との間の連絡調整を行い、障害児支援利用計画書を作成することになります。

・継続障害児支援利用援助

　継続障害児利用支援援助とは、障害児支援利用計画書の見直しに関する相談です（モニタリング）。つまり、ある程度の期間継続して、通所サービスを利用した後に、障害児の利用状況の見直しについて相談を行い、障害児相談支援事業者から、障害児支援利用計画案の変更などに関するアドバイスを行います。モニタリングは一定期間ごとに行う必要があります。

■ 障害児の相談支援 …………………………………………………………

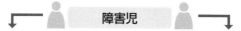

障害児

【障害者総合支援法に基づく】
　指定特定相談支援事業者
基本的な相談
就学・就職・家族関係など
──────────────────
居宅サービスに関する相談

【児童福祉法に基づく】
　障害児相談支援事業者
通所サービスに関する相談
・障害児支援利用援助
・継続障害児支援利用援助

9 住居に関わる支援・制度について知っておこう

施設だけではなく入居に際しても優遇措置が用意されている

■■ 公営住宅などへの入居

　公営住宅や都市再生機構の入居者募集や選考の際には、障害者を優遇する措置がとられています。

　具体的には、障害者単独あるいは障害者のいる世帯の収入基準の緩和や、当選率を上げるといった措置です。公営住宅については、以前は身体障害者だけ単身入居を認めるという取扱いがなされていましたが、現在では、知的障害者、精神障害者の単身入居も認められています。手すりやスロープ、エレベーターの設置、点字による表示をするなど、障害者の生活に配慮した公営住宅や都市再生機構の住宅も建設されています。

　また、高齢者向けにバリアフリー化され、生活援助員が配置された公営住宅（シルバーハウジング）に障害者や障害者のいる世帯が入居することも可能になっています。

　もっとも、公営住宅等における障害者の優遇措置に関しては、住んでいる地域によって対象者や優遇内容が異なる場合があります。そのため、実際に優遇措置を受けようとする障害者は、居住予定の自治体に、優遇措置の内容を確認することが必要です。とくに、身体障害者手帳を持つ全員が対象にならない場合があり、一定の障害等級以上の認定を受けていることを要件に挙げている自治体もあります。たとえば、障害等級4級以上に認定されている障害者のみが優遇措置の対象になるという限定を置いている場合があります。また、障害等級1級と2級の重度の場合には、即座に入居可能であるというように、障害者の中でもとくに、手厚い優遇措置が図られている場合もあります。

なお、現在、公営住宅が不足する地域で新たに公営住宅の供給を行う場合においても、障害者の優先的な入居が想定されています。たとえば、必要なサービスを受ける施設等に近接した地域に公営住宅の立地を選定するなど、より障害者が利用しやすいような形での公営住宅の供給の促進が進められています。

▊▊ 住宅の建設や増改築時の融資制度

　障害者と同居する世帯が、住宅の建設やバリアフリー化をはかるための増改築、リフォームなどを行う際には、住宅金融支援機構による融資制度や、バリアフリータイプ住宅融資、生活福祉資金貸付制度など、低利の融資制度を利用できます。

　生活保護法に定められた住宅扶助や、日常生活用具の給付・貸付、住宅設備改造補助などが利用できるケースもあります。

　市町村の福祉関係窓口に相談すると、地方公共団体独自の施策も含め、説明を受けることができます。

　融資を受けることができる対象は、それぞれの制度に応じて異なります。たとえば、生活福祉資金貸付制度では、①必要な資金を他から借り受けることが困難な世帯、②身体障害者手帳、療育手帳、精神障害者保健福祉手帳の交付を受けた者がいる世帯、③65歳以上の高齢者の属する世帯が対象になります。

▊ 障害者の住居を確保するサービス ………………………………

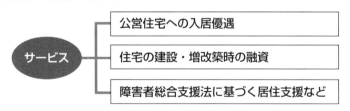

10 就労に関わる支援制度について知っておこう

障害者の雇用機会を増やすための支援が行われている

■■ 求職者給付

　求職者給付とは、失業した労働者（被保険者であった者）が再就職するまでの当面の生活保障を目的とした雇用保険の給付です。求職者給付のうち、中心となるのは一般被保険者に対する求職者給付である基本手当です。基本手当の給付は、要件を満たした人に対して「1日○○円の手当を○○日分支給する」という形で行われます。

　支給される1日当たりの基本手当の金額（基本手当日額）は、原則として、離職前の6か月間に支払われた賃金（賞与などを除く）の合計を180で割って算出した金額（賃金日額）の50 〜 80％程度（60歳〜64歳の場合は45 〜 80％程度）となっています。また、給付日数については、離職理由、被保険者であった期間、労働者の年齢などによって決定されます。

　たとえば、離職理由については、一般受給資格者と特定受給資格者の区別があります。一般受給資格者とは、定年退職をした者や自己の意思で退職をした者です。一方、特定受給資格者とは、事業の倒産、縮小、廃止などにより離職した者、解雇など（自己の責めに帰すべき重大な理由によるものを除く）により離職した者その他の厚生労働省令で定める理由により離職した者のことです。

　その他、一般の求職者より多めに給付日数が設定されている者として「就職困難者」が設定されています。就職困難者とは、身体障害者、知的障害者、精神障害者、保護観察中の者、社会的事情により就職が著しく阻害されている者などのことです。

　基本手当を受給するには、原則として、①離職により雇用保険の被

保険者資格の喪失が確認されていること、②現に失業していること、③離職日以前の２年間に通算して12か月以上の被保険者期間があること、の３つが要件になります。基本手当は、ハローワークの窓口で申請して受け取ります。その手続きの中では、離職した理由が聞かれます。ハローワークの側が離職した理由を前の職場に確認することもあります。

基本手当には、受給することができる期間（受給期間）も定められています。受給期間は、原則として離職日から１年間です。ただし、受給期間と給付日数とは異なるため、基本手当を受給する手続きが遅れるなどして受給期間が経過してしまうと、給付日数が残っていても基本手当を受給することはできません。

▓▓ 常用就職支度手当

常用就職支度手当とは、就職が困難な人が支給日数が残っている受給期間内に、ハローワークの紹介で１年以上の雇用が確実な安定した職業についた場合に、基本手当日額の40％を支給する制度です。

基本手当の支給残日数が所定給付日数の３分の１以上の場合には再就職手当（早期に就職先を見つけた失業者が基本手当の支給残日数を所定給付日数の３分の１以上残している場合に受給することができる手当）の対象者になるため、常用就職支度手当の対象者は基本手当の支給残日数が所定給付日数の３分の１未満の者ということになります。

常用就職支度手当を受給する場合、新たな就職先が決まった後、事業主から証明を受け、「常用就職支度手当支給申請書」を申請者の住所を管轄するハローワークに提出します。申請書には受給資格者証などを添付し、採用日の翌日から１か月以内に書類を提出します。

▓▓ 法定雇用率の設定

障害者の就労支援は、国や市町村によりさまざまな取組みが行われ

ています。障害者の就労意欲の高まりや障害者の雇用の促進等に関する法律の改正で、障害者がより働きやすい環境が、徐々に整備されてきています。そして、法定雇用率の対象となる事業主（令和6年4月以降、民間企業では従業員40人以上）は「障害者雇用推進者」を選任するよう努めなければなりません。そして、雇用障害者数が少ない事業主には、法定雇用率を達成するよう指導が行われます。達成率が悪いときは適正実施勧告が行われます。

■ 基本手当の受給日数

●一般受給資格者の給付日数

被保険者であった期間 離職時等の年齢	1年未満	1年以上 5年未満	5年以上 10年未満	10年以上 20年未満	20年以上
全 年 齢 共 通	－	90日	90日	120日	150日

●障害者などの就職困難者である場合

被保険者であった期間 離職時等の年齢	1年未満	1年以上
45歳未満	150日	300日
45歳以上65歳未満	150日	360日

■ 常用就職支度手当の額

支給残日数	常用就職支度手当の額
90日以上	90日分×基本手当日額×40％
45日以上90日未満	残日数×基本手当日額×40％
45日未満	45日分×基本手当日額×40％

■■ 障害者雇用納付金・障害者雇用調整金・助成金

　障害者雇用納付金制度は、雇用障害者数が法定雇用率（民間企業の場合は2.2％、令和6年4月以降は2.5％）に満たない事業主から、雇用する障害者が1人不足するごとに、原則として月額5万円を徴収する制度です。ただし、障害者雇用納付金の徴収の対象となるのは、常時雇用する労働者の総数が100人を超える事業主に限られます。

　これに対し、法定雇用率を達成している事業主には、障害者雇用調整金や報奨金が支給されます。なお、令和6年4月施行の法改正で、事業主が一定数を超過して障害者を雇用する場合、当該超過人数分の障害者雇用調整金や報奨金の支給額が調整される（超過人数分の単価が引き下げられる）ことになります。

　一方で、同じく令和6年4月施行の法改正で、雇入れや雇用継続を図るために必要な一連の雇用管理に関する相談援助の支援や、加齢に伴い職場への適応が困難となった障害者への雇用継続の支援をする事業主に対して助成金を支給する制度を新設します。障害者の雇用の質の向上に向け、事業主による障害者の職場定着などへの支援を充実させることを重視した改正だといえます。

■■ 職業能力開発と職業リハビリテーション

　ハローワークでは、障害者の職業能力開発と職業訓練を行っています。また、障害者が福祉的就労から一般的就労へと移行できるようにするため、地域障害者職業センター、障害者職業能力開発校なども設置されています。

　地域障害者職業センターは、作業手順を覚える、作業のミスを防ぐなどの直接業務に関わる支援の他、質問や報告を適切に行うなどの仕事をする前提ともいえる上司や同僚との円滑なコミュニケーションを促進するための支援なども行っています。

　地域障害者職業センターは、高齢・障害・求職者雇用支援機構に

よって各都道府県に設置されています。ハローワークと連携し、就職後の職業リハビリテーションを行っています。

障害者職業能力開発校は、一般の公共職業能力開発施設では受け入れることが難しい障害者に対する職業訓練を行っています。

▉▉ 精神障害者の雇用環境の改善

精神障害者の就労に向けて、さまざまな雇用環境の改善が行われています。平成30年（2018年）4月施行の障害者雇用促進法の改正では、法定雇用率の算定対象（従来の算定対象は身体障害者と知的障害者）に精神障害者が加えられました。また、令和6年（2024年）4月施行の法改正では、短時間労働者である精神障害者が算定対象に加えられました（29ページ）。

一方で、就職できても職場に溶け込めない、病状によっては時間どおりの勤務ができず遅刻・早退・欠勤などが増える、作業に集中できない、といったことがあり、職場の理解が得られず短期間で辞めてしまうなど、職場への定着に課題が見られます。この状況を改善するため、障害者の職場定着を図るための助成金が用意されています。たとえば、精神障害者などの採用後、業務を行うために必要な援助や相談を行う相談支援員を設置し、精神障害者などの職場定着を行った事業主は、障害者職場定着支援奨励金を受給することができます。

精神障害者の就職や職場定着の両面から雇用環境の改善に向けた措置が行われています。しかし、積極的な取組みは一部の企業に限られているのが現状です。法制度が確立しても、受け入れ側の企業の意識や体制が整わない限り安定した雇用が継続できるとはいえず、今後は受け入れ体制の充実が課題になるといえます。

11 難病・小児慢性特定疾病児童等 の支援について知っておこう

医療費支給、療養生活支援、自立支援などが整備された

▓▓ 症状が重症化した場合の円滑な医療費の支給

指定難病と診断された人や小児慢性特定疾病と診断された児童に対する医療費助成の開始日について、かつては「申請日」とされていました。しかし、申請に必要な診断書の作成に一定の時間を要することで、診断を受けてから申請するまでに時間がかかることが問題となっていました。

そこで、令和5年10月1日からは、「申請日」ではなく「診断日」にさかのぼって、医療費の助成が開始されることになりました。具体的には、指定難病と診断された人については「重症度分類を満たしていることを診断した日」（重症化時点）、小児慢性特定疾病と診断された児童については「小児慢性特定疾病と診断し、かつ、小児慢性特定疾病が原因で、疾病の状態の程度を満たすと総合的に判断した日」から医療費の助成が開始されることになります。ただし、申請日からさかのぼることができる期間は原則1か月とし、やむを得ない理由があるときは最長3か月となっています。

▓▓ 難病患者等の療養生活支援の強化

難病の中でもとくに治療が困難なものとして指定されている指定難病（医療費助成の対象となる難病）の基準をふまえつつ、障害者総合支援法の対象に指定されている疾病（難病等）は366疾病ですが、令和6年4月からは369疾病に見直す方向で告示改正が予定されており、難病等は増加し続けています。

指定難病患者の中には、障害福祉サービスを利用できるにもかかわ

らず、そのことを知らないために利用できずにいる人が多くいます。そこで、令和 6 年 4 月施行の法改正で、指定難病患者に31ページで前述した「登録者証」を発行し、マイナンバーとの連携を図ることで、各種障害福祉サービスの利用を促すシステムが導入されました。さらに、地域における支援体制として、難病相談支援センターと連携すべき主体として、市町村などの福祉に関する支援を行う者やハローワークなどの就労に関する支援を行う者を明記することが追加された（31ページ）ことにより、指定難病患者のニーズに対応できるよう関係強化が図られています。

■ 小児慢性特定疾病児童等に対する自立支援の強化

小児慢性特定疾病に対する支援は児童福祉法に定められており、18歳未満の児童または児童以外の20歳未満の人（小児慢性特定疾病児童等）を対象としています。そのため、31ページの措置の他にも、対象者が成人期に向かっていく際の支援や、成人後の各種支援についての強化も図られています。

具体的には、すでに法定化されている難病対策地域協議会（都道府県等が設置）と、令和 6 年 4 月施行の法改正で新たに法定化される小児慢性特定疾病対策地域協議会（都道府県等が設置）が連携することを努力義務としました。これにより、小児慢性特定疾病児童等が成人した後も適切なサポートが受け続けられるように、難病相談支援センターが中心となり、医療機関・就労支援機関・福祉支援機関との連携を行いつつ、難病対策地域協議会・小児慢性特定疾病対策地域協議会とも情報の共有などをしていくことで、支援のさらなる強化が行われることになります。

12 精神障害者の医療支援について知っておこう

精神障害者自身や他者への危害を防ぐためのしくみ

■■ 特別のルールが定められている

通常、入院医療については、医師が本人に十分説明し、本人の同意を得て行うことが義務付けられています。しかし、精神障害者は、症状を自覚できない場合や、病状によっては自己や他人を傷つけてしまうおそれがあります。そこで、精神保健及び精神障害者福祉に関する法律（精神保健福祉法）の第5章で、精神障害者の入院について以下のような特別のルールが定められています。

・任意入院

任意入院とは、本人が医師の説明を受け、同意した上での入院のことです。精神科病院の管理者は、任意入院をした本人が退院を申し出た場合は、退院させなければなりません。ただし、入院継続の必要があると認めるときは、精神保健指定医の診察による場合は72時間、特定医師の診察による場合は12時間に限り、退院を拒否できます。

・措置入院

警察官、検察官、保護観察所長、矯正施設長には、精神障害者あるいはその疑いのある者について通報や届出をする義務があります。これらの届出などに基づいて診察が行われ、2人以上の精神保健指定医に入院が必要と診断された場合には、都道府県知事の権限により、その精神障害者を精神科病院もしくは指定病院に措置入院させることができます。入院者が、精神障害のために自傷行為や他者に対する危害を加えるおそれがなくなり、措置入院が必要な症状が消失したと認められた場合には、措置解除が行われます。具体的には、措置入院が行われている病院から保健所長を経由して、症状消退届の提出を受けた

都道府県知事が、措置解除を行うか否かを判断します。

　なお、平成28年（2016年）7月に起きた障害者施設での殺傷事件においては、措置入院解除後間もなくの容疑者による犯行でした。そこで、退院後に必要な医療等（医療、福祉、介護、就労など）の支援のためのしくみづくりに関して、厚生労働省は「地方公共団体による精神障害者の退院後支援に関するガイドライン」を発出しています。

・緊急措置入院

　措置入院の手続きをとるには、2人以上の精神保健指定医の診察を経て、その診察の結果が一致することが必要ですが、措置入院の手続きをする時間の猶予がない場合、精神保健指定医1人の診断により、72時間以内の緊急措置入院をさせることができます。

・医療保護入院

　医療保護入院とは、本人が症状を自覚できず、入院に同意しない場合、家族等のうちいずれかの者の同意によって入院させることができる制度です。医療保護入院の措置をとった精神科病院の管理者は、10日以内に、その者の症状などを当該入院について同意をした者の同意書を添え、最寄りの保健所長を経て都道府県知事に届け出ることが必

■ **精神障害者の入院形態** ･･････････････････････････････････････

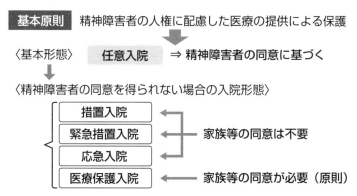

要です。なお、令和6年（2024年）4月施行の改正で、家族等が同意もしくは不同意の意思表示を行わない場合にも、市町村長の同意により医療保護入院を行うことが可能となります（29ページ）。

・**応急入院**

応急入院とは、すぐに入院が必要であると精神保健指定医によって診断され、家族等の同意を得る猶予がなく本人も同意しない場合、72時間以内の入院をさせることができる制度です。応急入院の措置をとった精神科病院の管理者は、直ちに、当該措置をとった理由などを最寄りの保健所長を経て都道府県知事に届け出ることが必要です。

・**医療保護入院等のための移送**

精神保健指定医によって、直ちに入院させないと著しく支障があると診断された場合に、本人の同意がなくても、医療保護入院や応急入院をさせるため、本人を移送することができる制度です。家族等の同意が得られる場合、移送は家族等の同意を得た上で行われますが、緊急時で家族等の同意を得ることができない場合、家族等の同意がなくても移送が行われることがあります。その他にも、令和6年4月施行の改正で、家族等が同意もしくは不同意の意思表示を行わない場合、市町村長の同意により移送を行うことが可能になります。

■■ 精神医療審査会

精神科医療においては、措置入院などのように、本人やその家族等の同意を得ないまま入院させることがあります。また、治療のために面会、外出、行動を制限することもあります。そこで、入院患者の人権を保護するために「精神医療審査会」が各都道府県に設けられています。精神医療審査会は、精神科病院において適切な医療が行われているか、人権侵害がないかについて調査や審査を行う機関です。入院患者やその家族等は、処遇の改善や退院の請求をすることができます。請求があった場合、審査の上で必要な措置がとられます。

13 各種手当・優遇措置について知っておこう

各市町村や税務署などで具体的な内容や措置を確認するとよい

特別障害者手当

特別障害者手当は、重度の障害によって、日常生活において特別な介護が必要である人（20歳以上）に支給されます。月支給額は2万7980円（令和5年4月以降）です。前年度の収入額により支給制限があります。

特別障害者手当の支給を受けるためには、市町村の窓口に申請する必要があります。申請が認められれば、原則として毎年2月、5月、8月、11月に、それぞれの前月分までが支給されます。

障害児福祉手当

障害児福祉手当は、重度の障害によって、日常生活において特別な介護が必要である20歳未満の人に支給されます。月支給額は1万5220円（令和5年4月以降）です。特別障害者手当と同じく、前年度の収入額により支給制限があります。

障害児福祉手当の支給を受けるためには、住んでいる場所の市町村に申請する必要があります。その際、所得状況が確認できる書類を提出する必要があります。

特別児童扶養手当

特別児童扶養手当は、20歳未満で、精神や身体に障害を持っている児童をかかえている両親などに支給されます。月支給額は、特別児童扶養手当1級が5万3700円、2級が3万5760円です（平成31年4月以降）。前年度の収入額により、受給制限があります。

特別児童扶養手当の支給を受けるためには、市町村の窓口に申請する必要があります。申請が認められると、原則として毎年4月、8月、12月に、それぞれの前月分までが支給されます。

■■ 心身障害者福祉手当

身体障害者手帳、療育手帳（東京都では「愛の手帳」）をもっている人などを対象にして支給されるのが心身障害者福祉手当です。市町村で設けられている心身障害者福祉手当は自治体ごとに要件や内容が異なる可能性があるため、確認する必要があります。たとえば、東京都新宿区では、身体障害者手帳1～3級、愛の手帳1～4度、精神保健福祉手帳1級、戦傷病者手帳特別項症～2項症、脳性まひ・進行性筋萎縮症の人、区指定の難病の人を対象に支給されます。心身障害者福祉手当の支給を受けるためには、各市町村の窓口で申請する必要があります。

■■ 重度心身障害者手当

重度心身障害者手当は、東京都の条例で定められており、心身に重度の障害があるために、常時複雑な介護を必要とする人に対して支給されます。東京都の区域内に住んでおり、心身に重度の障害がある人が対象で、支給額は月額6万円です。重度心身障害者手当の支給を受けるためには、心身障害者福祉センターで障害の程度の判定を受ける必要があります。その判定の結果に基づいて、手当が支給されるかどうかが決まります。

また、東京都以外でも、個別の条例で重度心身障害者の介護手当の支給を定めている地方自治体があります。

■■ 国税の特例

身体障害者手帳に身体障害者として記載されている人、精神保健指

定医により知的障害者と判定された人、精神障害者保健福祉手帳の交付を受けている人などは、税の軽減や優遇を受けることができます。所得税の納税者本人が障害者である場合、障害者控除として27万円（特別障害者は40万円）を所得金額から差し引くことができます。また、特別障害者と同居している人は、通常の控除額に75万円を加算した額を所得金額から差し引くことができます。

　また、戦傷病者、原爆被爆者なども税の軽減や優遇を受けることができます。

■■ 地方税の特例

　国税だけでなく、地方税についても特例が用意されています。

　まず、前年所得125万円以下の障害者は、住民税を免除されます。また、住民税の納税者本人が障害者である場合、障害者控除として26万円を所得金額から差し引くことができます。障害者が特別障害者（重度の知的障害者や身体障害者福祉法に基づく障害等級の程度が1級・2級の身体障害者など）の場合には、差し引く金額（控除金額）が30万円となります。なお、特別障害者と認定された配偶者や親族と同居している人については、所得金額から53万円が控除されます。

■ 障害者に適用される税の軽減措置 ………………………………

	具体的な軽減措置
国税の軽減措置	・所得税の障害者控除 ・心身障害者扶養共済制度に基づく給付金の非課税 ・相続税の障害者控除 ・特別障害者に対する贈与税の非課税
地方税の軽減措置	・一定の所得を下回る場合の住民税の非課税 ・住民税の障害者控除　　・自動車税の減免制度

14 障害者のための相談機関について知っておこう

わからないことがあったらとりあえず相談してみるのがよい

福祉事務所と地域活動支援センター

　都道府県や市に設置されている福祉事務所は、福祉六法（生活保護法、児童福祉法、母子及び父子並びに寡婦福祉法、老人福祉法、身体障害者福祉法及び知的障害者福祉法）に定められた事務を行う第一線の社会福祉行政機関です。最近では、地域の実情に合わせたサービスを提供するため、町村へ権限を委譲しています。

　また、障害をもつ人の生活相談や地域交流の機会を提供している市町村の施設として地域活動支援センター（111ページ）があります。

保健所

　保健所では、それぞれの世帯の状況に合わせ、障害児の療育相談や精神保健福祉相談に応じています。また、障害児の親の相談にも応じ、療養上の相談など、さまざまな不安や悩みなどについても相談に応じています。訪問指導も行います。保健所での精神保健福祉業務が円滑かつ効果的に行われるよう、精神保健福祉センターにより技術指導・援助が行われます。

児童相談所などの各種相談所

　児童相談所は、18歳未満の者を対象としており、児童福祉法に基づき各都道府県に設置の義務があります。児童の肢体不自由、視聴覚障害、重症心身障害、知的障害、自閉症などの障害相談を受けることができます。その他の相談所として、身体障害者更生相談所と知的障害者更生相談所などがあります。各都道府県に設置義務がある身体障害

者更生相談所は、18歳以上の身体障害者を対象に専門的な指導を行い、社会参加・自立を図り、更生医療・補装具の給付に関して医学的・心理学的・職能的判定を行い、施設利用のための情報提供を行います。

知的障害者更生相談所は、18歳以上の知的障害者を対象に専門的な指導を行い、社会参加と自立を図り、療育手帳の新規・再判定や施設に入所する際に医学的・心理学的・職能的判定を行います。知的障害者更生相談所も、身体障害者更生相談所と同様、各都道府県に設置義務があります。また、都道府県は、身体障害者更生相談所には身体障害者福祉司、知的障害者更生相談所には知的障害者福祉司を置かなければなりません。

■■ ボランティア相談員

民生委員法に基づく民生委員（市町村ごとに配置されている、地域住民への支援・相談への対応・個別訪問など、地域住民のための活動を行う者のこと）、児童福祉法に基づく児童委員と呼ばれる地域ボランティア制度があります。

原則として身体障害者の中から選ばれる身体障害者相談員、原則として知的障害者の保護者の中から選ばれる知的障害者相談員という地域ボランティア制度もあります。それぞれ障害者や保護者からの相談に応じ、必要な指導・助言・援助を行います。

■■ ハローワーク

障害者向けの求人を確保し、就職希望の障害者の求職登録を行い、職業相談、職業紹介、職場適応指導を行います。

その他にも、地域障害者職業センターや、障害者就業・生活支援センターなど、関係機関と密接な連携を保ち、職業リハビリテーションや就業面、生活面を含めた支援の紹介をします。

Column

工賃って何？

「工賃」と聞くと、工作・加工などの手間賃のことを考えるかもしれません。ここでの「工賃」とは、就労継続支援Ｂ型での作業を通して、障害者が得られる金銭のことです。

就労継続支援は、障害者に活動の機会を提供することや、就労に必要な知識や能力を取得させるといった目的があります。就労継続支援は作業を通して、障害者に達成感・やりがいを与える場といえます。

一方で、就労継続支援Ｂ型は、就労継続支援Ａ型と異なり、事業所と障害者の間で雇用契約を締結しないため、最低賃金法による最低賃金の規制が及ばず、工賃が最低賃金を下回り、非常に安くなることが問題視されています。地域で自立した生活の実現を考えると、達成感・やりがいだけでなく、事業所で働く障害者が相応な金銭を得ることも重要です。そこで、工賃を向上させるための取組みが行われています。

工賃向上への取組みは平成19年度（2007年度）から実施されています。具体的には、平成19年度（2007年度）から平成23年度（2011年度）を対象期間とする「工賃倍増５か年計画」が策定され、続けて平成24年度（2012年度）から平成26年度（2014年度）を対象期間とする「工賃向上計画」が策定されました。以降は、３年度ごとに「工賃向上計画」が策定され、工賃向上へのさまざまな取組みが行われています。

また、工賃向上のためには、各事業所の努力だけでなく、地域全体による支援が重要です。そのため、市町村においても工賃向上への事業所の取組みを積極的に支援するようにしています。さらに、障害者を担当する部局だけではなく、他の部局とも連携をとり、障害者の就労機会の拡大を図ることとしています。

第6章

障害者の生活や
財産を管理する制度

法定後見と任意後見について知っておこう

判断能力の衰える前後が基準になる

■■ 成年後見制度の種類

　成年後見制度は、**法定後見制度**と**任意後見制度**からなります。任意後見制度は本人の判断能力が低下する前から準備をしておいて利用しますが、法定後見制度は判断能力が実際に衰えた後でなければ利用できません。法定後見の場合には、精神上の障害や認知症などによって判断能力が不十分な人のために、家庭裁判所が選任した成年後見人等が、本人の財産管理の支援、介護保険などのサービス利用契約についての判断など、福祉や生活に配慮して支援や管理を行います。成年後見人・保佐人・補助人の候補者が決まっていない場合、家庭裁判所が本人に適する人を選任します。その際、候補を配偶者に限らず、介護や法律の専門家など幅広い候補の中から、本人の事情を考慮して適任者を選びます。

■■ 法定後見には３種類ある

　法定後見制度は、後見、保佐、補助の３つに分かれ、本人の精神上の障害の程度によって区別されます。

① **後見**

　判断能力が欠けている人を対象にしています。精神上の障害によって判断能力がない状態が常に続いている状況にある人を支援します。支援する人は、成年後見人と呼ばれます。

② **保佐**

　判断能力が著しく不十分な人を対象にしています。精神上の障害によって判断能力が不十分な人を支援します。簡単なことは自分で判断

できるものの、法律で定められた一定の重要な事項については、支援してもらわなければできないような場合です。本人を支援する人を、保佐人と呼びます。

③　補助

精神上の障害によって判断能力が不十分な人を対象としています。本人を支援する人を補助人と呼びます。保佐と補助の違いは、本人の判断能力低下の程度です。

■■ 任意後見の場合

任意後見とは、将来、自分の判断能力が衰えたときのために、受けたい支援の内容と、支援をしてもらえる任意後見人（任意後見受任者）を決めておき、あらかじめ公正証書による契約をしておく制度です。支援内容とは、不動産の売買などの財産管理や介護サービス利用時の手続きと契約などです。将来、本人の判断能力が不十分になったときに、任意後見人（任意後見受任者）などが家庭裁判所に任意後見監督人選任の申立てを行うことで、任意後見が開始されます。

■■ どんな利用の仕方があるのか

法定後見と任意後見のどちらを利用したらよいかの判断基準のひとつとして、本人の判断能力を時系列で考えてみるとわかりやすくなります。判断能力が衰える前にあらかじめ任意後見契約により支援を受ける準備をしておいて任意後見制度を利用するのか、衰えた後に法定後見制度を利用するのか、という基準です。

・判断能力が衰える前の利用

法定後見制度を利用することはできません。任意後見制度を利用することになります。

・判断能力が衰えた後の利用

法定後見制度を利用することになります。

2 成年後見人の仕事について 知っておこう

成年後見人の仕事は財産管理などの法律行為に限られる

■■ 成年後見制度と契約について

法律行為の一種である契約は、本人が自分の意思に基づいて行うことを基本としています。財産処分や介護サービス契約を結ぶ場合も、原則として本人が本人の意思で行う必要があります。

本人以外の人が契約を結ぶ場合、本人に代わって契約を結ぶ権利がなければなりません。この権利は一般的に代理権と呼ばれています。代理権がない状態では、たとえ親族でも本人に代わって契約をすることはできません。

売買やサービスを受ける契約は、本人が行うのが原則です。ただ、契約時に本人の判断能力が低下しているような場合には、法律行為を行う意思決定が難しくなります。成年後見制度は、このような人の判断能力を補って、本人の権利を守り、損害を受けることのないように考えられた制度です。

土地の売買契約や介護サービス契約を本人のために結ぶことも成年後見制度を利用することで可能になります。

たとえば、高齢者の判断能力が著しく低下しているような場合、保佐という制度が利用できます。保佐人には、重要な法律行為についての代理権を審判で与えることができます。代理権が与えられた場合に、保佐人は、重要な法律行為にあたる土地の売買契約などを本人のために行うことができます。

■■ 成年後見人等の仕事

成年後見人等は、本人の身の回りの事柄に注意しながら、本人の生

活や医療、介護といった福祉に関連した支援や管理を行います。最も重要で、後見人の基本的な事務は、本人の財産上の利益を保護することです。

そのため、後見人は選任された後に、直ちに本人の財産を調査した上で、原則として1か月以内に財産目録を作成しなければなりません。また、本人に代わって不動産の売買を行ったり（代理）、本人が行った売買契約に同意をすることができます。権限の種類や内容はそれぞれ異なっており、保佐や補助では支援者に同意権が認められているのに対し、成年後見では支援者に同意権がないといった違いがあります。ただし、どの制度を利用している場合でも、日用品の購入などの日常生活上行う売買などは、成年後見人等の仕事の対象となりません。これらの行為は、本人が単独でしても取り消すことができません。

成年後見人等が支援できる内容は、財産管理や契約などの法律行為に関する行為に限られています。食事の世話や入浴の補助といった介護関係の仕事（事実行為）は成年後見人等の仕事には含まれません。

■■本人に対する義務

成年後見人等は、本人の法律行為に関する強力な権限を持つと同時に、本人に対する義務も負っています。本人に対する義務とは、意思

■ 成年後見人等の仕事に含まれないもの ……………………………

仕事に含まれない行為	具体例
実際に行う介護行為などの事実行為	料理・入浴の介助・部屋の掃除
本人しかできない行為	婚姻・離縁・養子縁組・遺言作成
日常生活で行う法律行為	スーパーや商店などで食材や日用品を購入
その他の行為	本人の入院時に保証人になること 本人の債務についての保証 本人が手術を受ける際の同意

尊重義務と身上配慮義務と呼ばれるものです。

意思尊重義務とは、本人の意思を尊重することをいいます。確かに、後見人の職務は、基本的に本人の財産の管理が主ですが、経済的な収支ばかりにとらわれるのではなく、本人の希望を聴き取った上で、法律行為に関する代理や同意を与える姿勢を忘れてはいけません。

身上配慮義務とは、本人の状態や状況を身体、精神、生活の面において配慮することです。たとえば、日用的な衣類や食品などを調達する必要があります。また、本人が疾病などで病院を受診する場合には、診療契約に関する事務を処理しなければなりません。

成年後見人等は、本人に対する義務以外にも、家庭裁判所によって自身の仕事の状況を家庭裁判所に報告することを義務付けられる場合があります。また、家庭裁判所だけでなく成年後見監督人等による監督も受けます。

もっとも、後見人は意思尊重義務を負っていますが、たとえば、本人が現在住んでいる住居の売却などを望む場合には、本人の生活の拠点に関わる重要な問題です。そのため、本人に与える影響があまりにも大きいため、後見人は、自身のみで判断せず、家庭裁判所の許可を受ける必要があります。

処分とは具体的には、成年被後見人等の自宅を売却したり、抵当権を設定したり、他人に貸すことです。また、すでに他人に賃貸している土地建物について、その賃貸借契約を解除する場合も、家庭裁判所の許可が必要です。

なお、後見人等は、勝手に辞任することはできません。辞任するには家庭裁判所の許可が必要です。辞任は、正当な事情や理由がある場合に限って認められます。

たとえば、高齢になって職務を果たせなくなった場合や、遠隔地に転居することになったため、職務を続けることができなくなるといったような場合です。

3 成年後見人と任意後見人の選任について知っておこう

特別な資格は必要ない

成年後見人等を選任する

　成年後見人・保佐人・補助人（成年後見人等）は、法定後見を必要とする人を支援する重要な役割を担っています。成年後見人等は、後見開始・保佐開始・補助開始の審判の手続きを受けて、家庭裁判所によって選任されます。

　ただし注意が必要なのは、後見人や保佐人は、親族が申し立てることができますが、補助人については、親族が申し立てる場合には、必ず本人の同意を得なければなりません。

　家庭裁判所は、調査官が中心となって調査を行い、本人の意見も聴いた上で、適切な人を選びます。選任の際、本人の心身や生活、財産状況も考慮されます。成年後見人等の候補者の仕事、候補者と本人との利害関係などにも注意します。その他、さまざまな事情を考慮して、成年後見人等が選ばれます。成年後見人等になる資格要件などはありませんが、以前に成年後見人等を解任されたことがある人や、未成年者、破産者などはなれません。

成年後見人等の候補がいない場合

　成年後見人等の候補者や法定後見の内容について親族間での意思が一致している場合、候補者を立てた上で候補者についての必要書類も準備して申立てを行うと、法定後見の開始時期が早まる可能性があります。しかし、親族間で意見がまとまっていない場合や候補者が見当たらない場合は、候補者を立てずに申し立てることもできます。

　この場合、家庭裁判所が申立人から事情を聴いたり本人の意向を聞

き、さまざまな事情を考慮して、成年後見人等に適した人を選任します。具体的には、家庭裁判所は弁護士や司法書士、あるいは社会福祉士などを、後見人として選任する場合が多いといえます。

■ 任意後見人の条件

任意後見制度を利用した場合に、本人を支援する人が任意後見人です。任意後見制度の場合には、任意後見契約という契約が基本になります。任意後見契約は、将来本人の判断能力が落ちたときに支援してもらう内容を、本人と任意後見人の候補者との間で、本人の判断能力があるうちに定めておく契約です。このように、本人と任意後見契約を結んで、将来本人の任意後見人として支援することを約束した人を任意後見受任者といいます。

本人と任意後見受任者の間で任意後見契約が締結されたとしても、そのままの状態では、何の効力も生じません。任意後見監督人選任の審判によって任意後見監督人が選ばれて、はじめて任意後見契約の効力が発生します。任意後見契約の効力が発生した場合、任意後見受任者が任意後見人になり、本人の支援を行うのが原則です。

しかし、任意後見監督人を選任する段階で任意後見受任者が任意後見人に適さないと判断された場合には、この選任自体が却下され、任意後見契約の効力は発生しません。

任意後見受任者が任意後見人に適さないと判断される場合とは、たとえば、任意後見受任者が未成年の場合や、破産者である場合、行方不明の場合などです。また、裁判所から法定代理人を解任されたことがある場合や、不正な行為を行ったり著しく不行跡な場合などもふさわしくないと判断されます。

任意後見人として不適切な事柄がない場合には、本人が任意後見契約を結ぶ相手として信頼している成人であれば、誰でも任意後見人として選ぶことができます。複数でも問題ありません。

4 成年後見人の権限はどうなっているのか

権限と仕事内容から利用すべき制度を判断できる

どんな権限があるのか

法定後見制度は、本人に残された判断能力の程度や本人を取り巻くさまざまな状況によって、「後見」「保佐」「補助」に分けて考えることができます。

後見を利用する場合に本人を支援する人を成年後見人といいます。他の類型よりも成年後見人が持てる権限の幅が広いのが特徴です。

保佐と補助を利用する場合に本人を支援する成年後見人等はそれぞれ「保佐人」「補助人」と呼ばれています。保佐人や補助人に認められる権限は、同じ類型を利用していても、ケースごとに異なります。

成年後見人等に認められる権限は、「代理権」「同意権」「取消権」です。代理権とは、売買契約や賃貸借契約などの法律行為を本人に代わって行うことのできる権限です。同意権とは、本人が契約などの法律行為を行うときに、その行為について同意することのできる権限です。取消権とは、本人が行った法律行為を取り消すことのできる権限です。

成年後見人等に与えられる権限は、利用する制度の類型によって異なります。同じ類型でもどの種類の権限をどの範囲まで行使できるかは、本人の状況を考慮して考えることになります。

また、任意後見制度で任意後見人に与えられる権限は代理権です。任意後見人に与えられる代理権の及ぶ範囲は、原則として本人と任意後見受任者の間で自由に定めることができます。

後見人の職務とサービスの受給

主な後見事務は、財産管理と身上監護です。成年被後見人の生活や

健康管理のために何かの労務（サービス）を提供するといった行為は成年後見人の仕事ではありません。成年後見人が、成年被後見人の生活を維持するために何らかのサービスの提供を受ける必要があると判断した場合には、どのようなサービスの提供を受けるかを選んで、契約を締結することが、成年後見人の仕事になります。

■■ 補助人とその職務内容

　補助人は、補助開始の審判が下されただけでは、何の権限も持っていません。補助人に与える権限の種類と範囲については、本人の意思が尊重され、別途家庭裁判所に申立てを行った上で、審判が下されます。この審判で認められた内容が補助人に与えられる権限と範囲になり、補助人の職務はすべてこの審判の内容をもとに行われます。

　他の類型と同様、補助人の職務の対象となるのは、被補助人の日常生活に関する行為以外の法律行為です。このうち、補助人に同意権と取消権を与える場合には、法律で定められている重要な行為の中から特定の行為を選んで申し立てます。

　補助人に代理権を与える場合、保佐人と同様、対象となる法律行為を選び、代理権付与の申立てを行います。

　補助人は、家庭裁判所の審判で定められた権限の範囲内で、被補助人を支援するのが職務です。職務は、成年後見や保佐と同様に、財産管理と身上監護という2つの内容に分けられます。

　財産管理は、被補助人の財産を維持したり処分する職務です。代理権を与えられている場合には、被補助人に代わって法律行為を行いますし、同意権・取消権だけが与えられている場合には、被補助人の法律行為に対して同意を与えたり必要な場合には取り消します。

　補助人は成年後見人や保佐人と異なって、最初からある程度の職務内容が予定されているわけではありません。権限の種類と範囲は審判で定められた範囲に限られます。財産管理や身上監護もこの範囲内で

行うことになります。

　財産目録の作成などは原則として補助人の職務ではありませんが、家庭裁判所から作成の指示があった場合には作成します。

　身上監護とは、本人の生活や健康管理に配慮することであり、被補助人の生活や健康管理のために介護などのサービスを自ら提供する行為が補助人の仕事でない点は、成年後見人・保佐人と同様です。

　なお、介護サービスの利用に関する職務などは、補助人にその種の身上監護事務を行う権限が与えられている場合に行うことができます。

■■ 保佐人と職務内容

　保佐人は、日常生活に関する行為以外の法律行為のうち、法律で定められている重要な行為についての同意権と取消権を持っており、本人に代わって行う代理権は原則として持っていません。

　ただし、保佐の場合には、被保佐人の同意を得て保佐開始の申立てとは別に、代理権についても申立てを行うことができます。代理権付与の申立てを行った場合には、代理権付与の審判によって代理権を持つこともできます。

　代理権付与の申立ての対象になる法律行為は、日常生活に関する行為以外の法律行為の中から本人しか行うことのできない法律行為を除

■ 法定後見と任意後見における取消権と代理権 ……………………

		取消権	代理権
法定後見	成年後見人	日常生活に関するものをのぞくすべての法律行為	財産に関するすべての法律行為
	保佐人	民法13条1項所定の本人の行為について取り消せる	申立ての範囲内で審判によって付与される
	補助人	申立ての範囲内で審判によって付与される	申立ての範囲内で審判によって付与される
任意後見		なし	任意後見契約で定めた事務について

いた行為になります。

本人しか行うことのできない法律行為とは、たとえば遺言などです。

保佐制度を利用するときに、代理権付与の審判の申立てを行う場合には、対象となる法律行為の中から特定の法律行為を選び、申立てを行うことになります。

また、保佐人が持つ同意権・取消権の対象を「重要な行為」（次ページ図）以外にも及ぶようにすることも可能です。この場合も、別途審判を受ける必要があります。

保佐人は、家庭裁判所の審判によって定められた権限の範囲内で、被保佐人を支援するのが職務です。保佐人の職務は、具体的には、後見の場合と同様に、財産管理と身上監護という2つの内容に分けられます。

財産管理は、被保佐人の財産を維持したり処分する職務です。代理権を与えられている場合には、被保佐人に代わって行い、同意権・取消権のみ与えられている場合には、被保佐人の法律行為について同意を与えたり取り消したりします。

保佐人は成年後見人と異なって、財産管理を包括的に行う権限は与えられていません。したがって、財産管理を行う際の対象になる法律行為の範囲は、家庭裁判所で付与することを認められた権限の範囲内で行います。成年後見人の職務であった財産目録の作成と本人の生活や療養・看護、財産管理に必要になると予想される金額の算定は、保佐人の職務ではありません。これは、保佐人に包括的な権限が与えられていないためです。

ただし必要がある場合、家庭裁判所は保佐人に財産目録の作成を指示することがあります。家庭裁判所の指示があった場合には、保佐人は財産目録を作成しなければなりません。

身上監護は、成年後見人と同様、本人の生活や健康管理に配慮することです。代理権が与えられている保佐人であれば、たとえば介護

サービスを利用する場合にサービスの提供を受ける契約を本人に代わって行います。なお、被保佐人の生活や健康管理のためのサービスを自ら提供する行為は法律行為ではなく事実行為です。これらの行為が保佐人の仕事でないことは、成年後見人と同様です。

■■ 保佐人が行う重要な行為とは

保佐開始の申立てを行った際に保佐人に付与される同意権や取消権の対象は、被保佐人の財産に関わる重要な行為です。この重要な行為全部に同意権や取消権を行使できます。これらの重要な行為は、民法で定められており、具体的には下図のような行為です。さらに、これら以外の行為に対しても同意権や取消権が及ぶようにするには、別途申立てを行い、裁判所の審判が必要になります。

■ 重要な行為 ....

重要な行為

- ①不動産やその他の重要な財産の売買・担保の設定（重要な財産とは、たとえば、自動車や貴金属などの目に見える物の他、株式や著作権、特許権・商標権などの実体は目に見えないが、重要な価値を持つ権利など）
- ②借金をしたり他人の債務の保証をすること
- ③元本の領収や利用行為（不動産や金銭の貸付行為、預貯金の出し入れ、弁済金の受領、貸している不動産の返還を受けることなど）
- ④訴訟を行うこと
- ⑤贈与・和解・仲裁契約を結ぶこと
- ⑥相続の承認や放棄を行ったり遺産分割を行うこと
- ⑦贈与や遺言により与えられる財産（遺贈）の受け取りを拒絶すること、負担つきの贈与や遺贈を受けること
- ⑧建物について、新築・改築・増築することや大修繕を行うこと
- ⑨民法で定める期間(山林は10年、その他の土地は5年、建物は3年、土地建物以外の動産は6か月）をこえて賃貸借をすること

5 法定後見開始の申立てについて知っておこう

家庭裁判所への申立てから審判を経て法定後見が開始する

法定後見制度の手続き

　本人の判断能力が不十分であるなどの理由から法定後見制度を利用する場合、家庭裁判所に後見等開始の審判の申立てを行います。申立てをする時には、あらかじめ必要な書類を用意しておきます。手続きの流れは次ページ図のようになっています。

申立方法はそれぞれ異なる

　法定後見開始の申立ては、本人の他に、本人の配偶者や四親等以内の親族、検察官、市区町村長が行うことができます。また、申立人と成年後見人等の候補者は、申立後、家庭裁判所調査官から申立内容について確認されるので、家庭裁判所に出向くことになります。

　申立ての際には、どの制度を利用するかによって準備する内容が異なります。

　後見の場合、後見開始の審判を求めるだけでとくに他の準備は必要ありません。成年後見人の場合、申立時に追記しなくても、審判が確定すると日常生活上の法律行為以外のすべての財産管理に関する代理権が認められるからです。

　保佐の場合にも、保佐開始の審判を求めるだけですむ場合もあります。ただ、保佐人は重要な行為についての同意権・取消権が認められるだけですので、保佐人に代理権を与える場合には別途「代理権付与の審判」を求める必要があります。

　また、重要な行為以外の法律行為について、保佐人に同意権を与える場合には、どの法律行為を対象にするのか明確にしておかなければ

なりません。

　補助の場合には、補助開始の審判を求めただけでは、何らの支援内容も発生しませんので、具体的な支援内容を別の審判で決めなければなりません。補助人に代理権を与える場合には、代理権付与の審判を求めます。同意権を与える場合には、同意権付与の審判を求めます（同意権付与により取消権もセットで付与されます）。両方の権利を与える場合には、代理権付与の審判と同意権付与の審判が必要です（いずれも補助開始の審判の申立てと同時に行います）。また、代理権・同意権が及ぶ法律行為の範囲も定めておかなければなりません。

■ 申立手続きの流れ ……………………………………………

1. 申立て（本人の住所地にある家庭裁判所に対して行う）

● 申立てができるのは、本人、配偶者、四親等以内の親族、検察官、任意後見人、任意後見監督人、市区町村長など。

2. 審判手続（調査 → 鑑定・診断 → 審問の順に行う）

● 家庭裁判所調査官が、本人の精神状態、生活状態、資産状況、申立理由、本人の意向、成年後見人等候補者の適格性などを調査する。家庭裁判所は、市区町村などの行政、金融機関などに必要な調査報告を求めることもある。

● 鑑定は裁判所から依頼された鑑定人、診断は申立者が依頼した医師が行う。鑑定や診断の結果は、本人の意思能力や障害の程度がどれくらいか、能力が回復する可能性があるかどうかなどを判断する重要な資料となる。

● 本人の精神的な障害の程度、状況を確認し、援助の必要性を判断するために、裁判官が直接本人に会って意見を聴く。審問は必要に応じて数回にわたって行われることもある。

3. 審判（家庭裁判所の判断の結果が示される）

● 申し立てられた類型やそれにともなう同意権・取消権、代理権を成年後見人等に付与することが適切かどうか、家庭裁判所の判断の結果が出される。誰を成年後見人等にするかも決定する。

4. 告知・通知（審判の結果が関係者に伝えられる）

5. 登記（法務局に後見等の内容が登記される）

任意後見契約と任意後見人について知っておこう

求められていることは成年後見人等と同じである

■■ どんな権限を持っているのか

　任意後見契約は、本人と任意後見受任者との間で自由に内容を定めることができるのが原則ですが、**任意後見人**に求められていることは成年後見人等と同様に、本人の財産管理に関することと、身上監護に関することです。

　任意後見人には、契約内容に従って代理権が与えられます。任意後見人の職務もこの代理権が与えられている法律行為に関連する内容となります。

　なお、介護サービスを自ら提供する行為は法律行為ではありませんから、任意後見人の職務ではありません。財産管理の面で、任意後見人に本人所有の不動産に関する法律行為の代理権が与えられている場合、この不動産売買を行う際に必要な行為が職務内容になります。身上監護事務も同様です。任意後見人に介護保険や福祉サービスの利用契約に関する代理権が与えられている場合、これに付随する諸手続きやサービス内容の確認などは任意後見人の職務になります。

　任意後見人が持つ権限の詳細は代理権目録として、公証役場で作成する任意後見契約公正証書の中に記すことになっています。

　任意後見人は、任意後見契約で与えられた範囲内でしか本人を支援できません。任意後見契約で与えられた権限の範囲が狭すぎたり代理権だけでは対応できないような場合、本人の支援を十分に行えない可能性がありますが、代理権の範囲を変えるような変更は認められていません。範囲が増える部分については別途新たな契約を結ばなければなりません。

任意後見契約は本人の判断能力が十分な時に締結できますが、本人の判断能力が不十分な状態になった後では新たな契約を結ぶことができません。

　一方、法定後見制度は、すでに本人の判断能力が不十分な状態である場合に利用できる制度です。成年後見人等には、代理権・同意権・取消権を与えることができますし、権限が及ぶ範囲を広く設定することも可能です。

　こうした事情から、与えられた権限で十分な支援が行えないと判断した場合には、任意後見人自らが本人について法定後見開始の審判を申し立てることができるようになっています。

　実際に任意後見が開始される前にこうした事情に気づいた場合には、任意後見受任者も法定後見開始の審判を申し立てることができます。

■ 見守り契約とは

　任意後見制度が始まるまでの間、支援する人と本人が定期的に連絡をとる契約を一般に**見守り契約**といいます。任意後見制度の利用には、任意後見契約を結ぶ必要がありますが、実際に任意後見の開始は、任意後見契約締結から相当期間経過した後の、本人の判断能力が衰えてからになります。本人と連絡が取れなくなるなどの事態を避けるには、定期的に本人と支援する人が連絡をとる見守り契約は有効な手段です。

■ 見守り契約 ……………………………………………………………

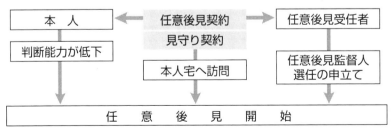

信託のしくみと活用法について知っておこう

信託には委託者、受託者、受益者の三者がいる

どんなしくみなのか

信託とは、簡単に言えば、他人を信じて何かを託すことです。信託契約において、何かを他人に依頼する者を委託者、依頼を受けて何かを行う者を受託者、信託契約によって利益を受ける者を受益者といいます。このうち信託契約は、委託者になる者と受託者になる者との間で締結します。信託契約は書面で締結する必要はありません。委託者と受託者との間で合意をすれば、それで信託契約は成立します。

信託には、大きく商事信託と民事信託に分類されます。商事信託とは、信託会社・信託銀行などが受託者として、委託者の財産を管理する場合をいいます。信託会社や信託銀行は、信託の引受けにあたって委託者から報酬を受け取ることができます。これに対し、民事信託とは、信託会社・信託銀行などではなく、委託者の家族・親族などを受託者として、非営利で委託者の財産を管理する場合をいいます。とくに個人が受託者になる場合を指して**個人信託**とも呼ばれています。

福祉型信託とは

福祉型信託とは、民事信託の活用方法の一例として、高齢者や障害者のための信託のことです。高齢者や障害者を受益者として、その生活を守ります。具体的には、受託者が受益者の財産を守り、受託者から受益者に対して生活費の給付を行います。

福祉型信託は、自身が認知症などにより判断能力を失ったときに備える、自身の死後を含めて障害のある家族の生活を守る（消費者被害などの防止）といった目的で利用されます。前者の場合は、受益者と

委託者が同一人物になります。これに対し、後者の場合は、受益者が障害のある人で、委託者が受益者の親になることが多いです。

福祉型信託を利用する場合には、以下の点に注意が必要です。

① **受益者のニーズに対応する必要がある**

受益者である高齢者・障害者の生活状況や家族関係などはさまざまですので、一律に信託の形を決めることはできません。個々の事例に応じて、成年後見制度や遺言などと併用していく必要があります。

② **営利を目的としない（非営利）**

福祉型信託は受益者の生活を守ることが大きな目的です。もちろん信託によって利益を生み出すことができれば、その方がよいですが、基本的には受益者の生活のために福祉型信託が利用されます。

③ **福祉サービスとの連携が必要になる**

福祉型信託により受益者に対して金銭が払われます。しかし、受益者が高齢者や障害者の場合、その金銭を使って日用品などの買い物を適切に行うことが難しい場合もあります。そこで、公的機関と連携することや、任意後見契約（218ページ）を併用することで、受益者が必要な物を手に入れることができる体制を整える必要があります。

■ **障害者と民事信託** ·······································

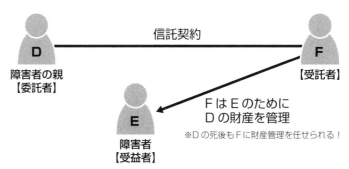

8 特定贈与信託について知っておこう

特定贈与信託は特定障害者の生活を支えるための金銭信託制度

■■ 特定贈与信託の特徴

　心身に重度の障害を持つ人の多くは、家族の援助で生活しています。**特定贈与信託**は、家族がいなくなった後も、このような障害者が引き続き生活していけるように金銭などの信託を行っておく制度です。

　たとえば、重度な身体障害を持つ人は、両親が必要な医療費の支払いや生活費などの管理を行うことが一般的です。しかし、両親が亡くなった後は、本来であれば、その障害者が自ら金銭の支払いや管理を行うことになりますが、それは非常に困難といえます。そこで、特定贈与信託を利用することで、両親の死亡後も、信託会社が受託者として、受益者である障害者のために、必要な金銭の支払いや管理を行うため、障害者の負担を軽減することが可能です。

　特定贈与信託の対象となる受益者は、①重度の心身障害者（特別障害者）、②中軽度の知的障害者および障害等級2級または3級の精神障害者（特別障害者以外の特定障害者）に限定されています。①②をまとめて特定障害者といいます。また、特定贈与信託の委託者になることができるのは、受益者になる特定障害者の家族や支援者などの個人に限られます。複数人が共同して委託者になることも可能です。

　そして、特定贈与信託を利用することにより、特別障害者の場合は6000万円まで、特別障害者以外の特定障害者の場合は3000万円まで非課税となります。つまり、これらの非課税限度額までは、贈与税を徴収されることなく、特定障害者の家族や支援者などが特定贈与信託を利用し、受託者に対して金銭などを預けることができます。

対象となる財産にはどんなものがあるのか

信託ができる財産は、以下の6つに限定されています。なお、⑥の不動産については、①〜⑤までの財産のいずれかと一緒に信託されることが必要です。

①　金銭
②　有価証券
③　金銭債権
④　立木と立木の生立する土地（立木とともに信託されるものに限る）
⑤　継続的に他人に賃貸される不動産
⑥　受益者である特定障害者の居住する不動産

信託期間や費用などの特定贈与信託についてのポイント

信託期間は受益者である特定障害者の死亡の日までです。あらかじめ信託期間を定めておくことはできません。また、信託期間の途中での解除（中途解約）や取消しはできません。

信託財産は受託者である信託会社によって運用され、得られた収益は信託財産に加えられます。その収益は受益者である特定障害者の所

■ 特定贈与信託のしくみ ……………………………………………

信託財産（信託受益権）の管理・運用

特定障害者扶養
信託契約を締結

委託者

定期的金銭の交付

受託者
（信託会社等）

受益者
（特定障害者）

信託に関する計算書
障害者非課税信託申告書

税務署

得になり、所得税の計算に含める必要が生じます。これに対し、信託財産が元本割れを生じたとしても、信託財産は預金保険の対象外であるため、保護を受けることはできません。また、特定贈与信託を利用する際は、信託報酬や租税公課、事務費などの費用がかかり、これらは信託財産から支払われます。

■■非課税措置を受けるための要件と手続き

　特定贈与信託は、政策上の配慮により非課税措置を受けることができる制度です。特定贈与信託は、「特定障害者の生活安定」という目的から非課税対象とされています。非課税措置を受けることができる特定贈与信託は、取消しや解除ができず、信託期間や受益者の変更ができないものに限られます。また、受益者である特定障害者の生活や療養の需要に応じるため、定期的に、かつ、必要に応じて適切に、信託財産から金銭の交付が行われることが要件になります。さらに、受託者である信託会社等は、安定した収益の確保を目的として、適正に信託財産の運用を行わなければなりません。

　特定贈与信託における非課税措置が適用されるのは贈与税です。特定障害者への財産（厳密には信託財産に係る受益権）の生前贈与という形になるため、相続税法の「特定障害者に対する贈与税の非課税制度」により、特別障害者は6000万円、特別障害者以外の特定障害者は3000万円を限度として、贈与税が非課税となります。

　非課税措置を受けるためには、障害者非課税信託申告書を所轄の税務署長に提出することが必要です。この手続きは、以下の書類を添付した上で、受託者である信託会社等を経由して行われます。
① 　特定障害者扶養信託の契約書の写し
② 　特定障害者の区分に応じた証明書類
③ 　信託財産の価額の計算の明細書と特定障害者の住民票の写し

9 後見制度支援信託について知っておこう

被後見人の財産を守る必要がある

■■ どのような制度なのか

　後見制度支援信託とは、家庭裁判所の関与の下で、被後見人（成年被後見人または未成年後見人）が通常使用しない金銭を信託財産として信託会社等に信託し、被後見人の財産を守る制度のことです。後見人（成年後見人または未成年後見人）は、家庭裁判所の指示に基づき、被後見人の金銭を信託財産として信託会社等との間で信託契約を締結します。信託会社が受託者、被後見人が委託者兼受益者になります。被後見人の財産のうち日々の生活に必要な金銭は後見人が管理し、信託財産にはしません。後見人の管理する金銭が不足する場合は、家庭裁判所の指示書に基づき、信託銀行等から払戻しを受けます。

■■ どんなメリットがあるのか

　後見制度支援信託には、次のようなメリットがあります。

・後見人の不正防止

　後見制度の下では、後見人が大きな権限を持ちます。しかし、後見人が被後見人の財産を流用してしまう事例が増加しており、このような後見人の不正行為を防ぐ必要がありました。後見制度支援信託を利用すれば、後見人が信託財産を払い戻す（一時金の交付を受ける）際には、家庭裁判所の指示書が必要になります。このように信託財産からの支出を家庭裁判所がチェックすることができるため、後見制度支援信託を利用すれば、後見人の不正行為を防ぐことができます。

・後見人の負担の軽減

　後見制度支援信託を利用することで、後見人の負担を軽減すること

ができます。通常の後見制度では、被後見人の財産状況に関する報告書を作成する作業は煩雑なものになり、後見人の負担が重いといわれています。しかし、後見制度支援信託を利用すれば、被後見人の財産は信託財産になり、信託会社等が管理することになるため、後見人の負担を軽くすることが可能です。

▓▓ どんな財産が対象になるのか

後見制度支援信託で信託財産になるのは金銭のみです。金銭以外の不動産や高価な動産などは信託財産になりません。

被後見人から信託された金銭は、信託会社等の下で管理・運用されます。その際、信託銀行等が受託者になった場合は、元本補てん契約を締結します。元本補てん契約とは、信託財産について損失が生じた場合に、その損失を補てんする契約です。原則的な信託の形態では、信託財産に損失が生じても、受託者が自分の財産を使って損失補てんをすることは禁止されています。しかし、後見制度支援信託においては、被後見人の財産を安定的に運用するため、元本補てん契約を締結することが可能とされています。

また、信託財産は国債・株式などを使って運用されます。信託財産が運用された場合でも、信託期間が終了した時点で、国債・株式などを金銭にして受益者またはその相続人に渡されます。

▓▓ 契約手順をおさえておく

後見制度支援信託を利用する場合は、以下の手順を経て契約締結を行います。

まず、後見制度支援信託を利用する前提として、本人の住所地の家庭裁判所に対し、後見開始あるいは未成年後見人選任の申立てを行います。後見制度支援信託を利用する場合、後見人には弁護士あるいは司法書士（専門職後見人）が選任されることになります。

家庭裁判所の後見審判の後、専門職後見人が後見制度支援信託の利用の適否を検討し、利用に適すると判断した場合、専門職後見人が信託財産の金額などを設定した報告書を家庭裁判所に提出します（報告書の提出について家庭裁判所への手数料の納付は不要です）。

　家庭裁判所は、報告書の内容を確認し、問題がなければ指示書を専門職後見人に発行します。その後、専門職後見人は、信託会社等との間で信託契約を締結し、財産目録の作成、信託条件の設定などを行います。専門職後見人の関与する事務の終了後、財産管理などの事務は被後見人の親族である後見人（親族後見人）に引き継がれます。

■■ 信託契約が終了する場合とは

　後見制度支援信託は、被後見人の生活を守るための制度です。そのため、成年被後見人が死亡した場合や、未成年被後見人が成年に達した場合、後見審判が取り消された場合には、後見制度支援信託を続ける意味がないといえるので、その時点で信託契約が終了します。この他にも、信託金額が1回の定期金の額（日常的な支出のため、定期的

■ 後見制度支援信託のしくみ ……………………………………………

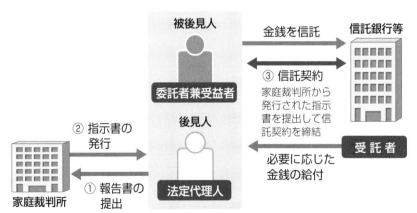

に後見人が管理する預貯金口座に振り込む金額）を下回った場合、信託契約が解約された場合、信託会社等が受託者を辞任した場合なども、信託契約は終了します。

なお、最低信託契約期間が定められている場合には、被後見人が成年になった後も、最低信託契約期間が経過するまでは、信託契約が継続します。

■■ 専門職後見人から親族後見人への引継ぎ

法定後見制度を利用する場合でも、後見制度支援信託を利用しない場合には、弁護士や司法書士といった専門家に限らず、親族その他一般の人を後見人として選任してもらうことができます。

しかし、後見制度支援信託を利用する場合、信託契約の締結には専門知識が必要になるため、弁護士あるいは司法書士が専門職後見人として選任されることになります。弁護士や司法書士であれば誰でもよいというわけではなく、実務上は、ケースごとに一定の弁護士や司法書士を選任する取扱いがなされているようです。契約の締結など、専門職後見人が関与する事務の終了後、専門職後見人から親族（親族後見人）に財産管理の事務などを引き継ぐことになります。

■■ どんな問題点があるのか

後見制度支援信託には問題点も存在します。まず、①被後見人の財産を信託会社等に信託することになるので、後見人が柔軟に被後見人のための支出ができなくなる可能性があります。また、②後見制度支援信託を利用して信託財産にできる財産は金銭だけであるため、被後見人が持っている不動産や株式などの財産については、後見制度支援信託を利用できません。さらに、③専門職に依頼した場合の専門職後見人に対する報酬や、信託会社等に対して支払う手数料が高額になってしまう可能性があります。

①の問題点については、家庭裁判所が財産の払戻しについての指示書を迅速に発行することで対処する必要があります。それぞれの事情にあわせ、財産の支出を迅速にすることで、適切に被後見人を支援することが可能になります。

②の問題点については、後見制度支援信託を利用する際には、被後見人の金銭以外の財産を金銭にすることが必要です。ただし、株式や社債など金銭以外の財産を金銭にしてしまうと、被後見人が不利益を受けてしまう可能性があります。そのため、被後見人の財産が不当に目減りしてしまうことがないよう、慎重に金銭への換価をすることが必要です。

③の問題点については、報酬や手数料が高額になる可能性があるものの、そもそも後見制度支援信託のメリットとして費用軽減という点があります。信託会社等が受け取る報酬は信託財産の運用益から支払われます。信託財産の元本が取り崩されることはありません。運用益がないときは、信託会社等が必要とする手数料は、元本から支払う必要があります。

■ 後見制度支援信託の手続きの流れ

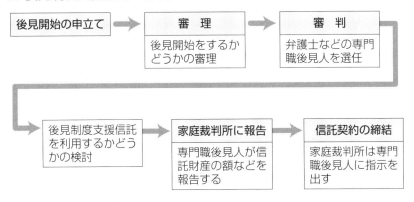

10 障害年金はどんなしくみになっているのか

基礎年金・厚生年金の2種類があり、障害の程度に応じて支給される

■■ 障害年金の全体構造

障害年金は、病気やケガで障害を負った人（若年者も含む）に対して給付される年金です。障害年金には、障害基礎年金と障害厚生年金の2種類があります。国民年金の加入者が障害を負った場合は**障害基礎年金**を受給でき、厚生年金加入者の場合は上乗せ支給があり、障害基礎年金に加えて**障害厚生年金**が受給できます。

障害年金には、老齢年金より給付の条件が緩い面がある点が大きな特徴です。障害の度合いによっては障害厚生年金だけを受け取ることができる場合があります。

障害基礎年金は、障害等級1級か2級に該当する状態にないと受給できないのに対し、障害厚生年金には1級・2級に加え3級や、一時金である障害手当金の制度があります。そして、障害等級1級・2級に該当する場合は障害基礎年金が支給され、さらに厚生年金保険に加入していた場合は、障害厚生年金が上乗せして支給されます。

そのため、基礎年金が受給できなければ上乗せ部分である厚生年金も受け取れない老齢年金とは異なり、上乗せ部分が受け取れるかつ、障害等級1級、2級に該当せず障害基礎年金を受給できない場合でも、厚生年金の加入者であれば3級の障害厚生年金や障害手当金を受給できる可能性があります。障害を負う前に国民年金か厚生年金保険のどちらに加入しているかで、受け取ることのできる障害年金の内容が異なるわけです。

なお、障害基礎年金と障害厚生年金の障害等級（1級または2級）は、同じ基準となっています。障害年金は、そもそも同一の障害に対

する保障であるため、実際に認定がなされた場合に該当する等級も必ず一致します。また、以前は公務員や私立学校における教員などを対象とした共済年金制度における障害共済年金もありましたが、共済年金制度そのものが厚生年金制度と一元化されたため、平成27年（2015年）10月以降に障害共済年金の請求を行った場合は、障害厚生年金の支給がなされることになっています。

■■ 先天性・後天性障害でどんな年金を受け取れるのか

　先天性の障害は、生まれた時点で発生している障害のことです。当然ながら保険料の納付は行っていない状態で障害を抱えることになるため、年金を請求することを躊躇するケースがありますが、このような場合でも障害基礎年金の請求を行うことが可能です。2級以上の障害等級に該当した場合は20歳の誕生日を迎えた時点で年金を受け取ることができます。

　この制度を**二十歳前傷病の障害年金**といいます。ただし、この制度で適用されるのは障害基礎年金のみである点に注意しなければなりません。生まれつきの障害であるために初診日の証明が取れない場合などは、「第三者証明」を活用することで未成年時の初診日証明に代わ

■ 障害年金制度のしくみ ………………………………………………

障害等級	国民年金	厚生年金保険
1級	障害基礎年金 子の加算	障害厚生年金 配偶者の加給年金
2級	障害基礎年金 子の加算	障害厚生年金 配偶者の加給年金
3級		障害厚生年金

るものとすることができます。

　第三者証明とは、20歳前より患っている障害にまつわる初診日を確認することができない場合に、初診日と想定されるその当時の受診状況や障害状態を把握している複数人の第三者に証明をしてもらうことです。

　第三者とは、病院の関係者や介護施設における施設長、勤務先の事業主や近所の人などが挙げられます。障害年金の請求者本人や三親等以内の者は第三者にあたらないため、第三者証明を行うことはできません。

　ただし、先天性の知的障害を抱える人の場合、初診日を証明する必要はありません。

　また、後天性の障害の場合も、年齢に応じて請求ができる年金の内容が異なります。20歳になるまでの間に初診日が該当する障害に対しては、「二十歳前傷病の障害年金」が適用され、障害等級に該当すれば障害基礎年金の請求が可能です。そして、20歳を超えた際に初診日があり、厚生年金に加入している場合は、要件に該当すれば障害厚生年金を受け取ることができます。

　なお、二十歳前傷病の障害年金には所得制限が設けられています。一定の所得を超えた場合、障害等級の上下にかかわらず年金が半額、または全額停止される場合があります。具体的な所得金額は、前年の所得の金額が3,704,000円を超過する場合は年金の半額が停止され、4,721,000円を超過する場合は年金が全額停止されます。

■■ 障害年金の病気やケガとはどんな程度なのか

　障害の程度は、医療機関で診断された病名にかかわらず、その人が負っている「障害の内容」に応じて支給が決定されます。

　具体的な傷病とは、精神疾患・肉体的な疾患を問いません。先天性・後天性ともに問いません。先天性としては、脳性まひや染色体疾

患ダウン症候群、フェルニケトン尿症、先天性風疹症候群、発達障害などが挙げられます。後天性の障害には、精神疾患である統合失調症や、肉体的疾患である高次脳機能障害や、脳梗塞や脳出血の後遺症、ガンなど、その種類は幅広いものがあります。

　精神疾患に該当する不安障害・パニック障害などの神経症や、人格障害は障害年金の対象外とされているため、注意が必要です。

■■■ 障害等級は何に定められているのか

　障害等級を認定する基準には、政令で定められた「障害等級表」と客観指標である「障害認定基準」の2種類があります。なお、障害等級表の等級は、障害のある人が申請することで入手することが可能な障害手帳に記載されている等級とはまったく別のものであるため、注意が必要です。したがって、障害手帳を持っていなくても年金を受け取ることが可能です。逆に障害手帳の等級が1級でも必ずしも年金を受け取れるわけではありません。

　障害基礎年金は障害等級1〜2級、障害厚生年金は障害等級1〜3級に該当した場合に支給されます。そのため、障害等級1級・2級に

■ 障害の程度 ……………………………………………………………

重い障害 （1級障害）	やや重い障害 （2級障害）	やや軽い障害 （3級障害）	軽い障害 （一時金）
他人の介助を受けなければ、ほとんど自分のことをすることができない程度	日常生活が著しい制限を受けるか、日常生活に著しい制限を加えることを必要とする程度	労働が著しい制限を受けるか、労働に著しい制限を加えることを必要とする程度	傷病が治ったものであって、労働が制限を受けるか、労働に制限を加えることを必要とする程度
1級障害基礎年金 1級障害厚生年金	2級障害基礎年金 2級障害厚生年金	3級障害厚生年金	障害手当金

該当する障害の状態は国民年金法施行令別表に、3級に該当する障害の状態は厚生年金保険法施行令別表第1に、それぞれ規定されています。また、障害手当金の障害の状態については、厚生年金保険法施行令別表第2に規定されています。

　おおよその程度としては、1級に該当する場合は、ほぼ寝たきりで日常生活に支障をきたしている場合とされています。一方、2級の場合は、何とか日常生活をこなす程度であり、外出が厳しい状態です。また、3級の場合は、就労することが難しい、もしくは就労内容が制限されてしまう状態をいいます。

■■ 世帯収入や本人の収入によって上限はあるのか

　障害年金は、年齢・障害等級・保険料納付の3つの要件を満たしていれば受給することが可能な年金です。世帯単位である程度の収入がある場合でも関係なく受け取ることができます。したがって、就労する親や配偶者、子どもと同居しており、たとえその世帯全体が高収入の場合でも、障害年金の支給が可能です。

　ただし、生まれもった障害である場合や、20歳未満で障害を負った場合は、「二十歳前傷病の障害年金」に該当します。この二十歳前傷病の障害年金は保険料の支払いを行っていないため、その本人による所得に応じて年金の支給が制限されます。あくまでも本人の収入額であり、家族のものではないことに注意が必要です。たとえば、先天性の場合などで本人に収入がない場合は、障害等級に応じて満額の障害年金を20歳以降に受け取ることができます。

　また、平成3年（1991年）3月までに国民年金任意加入期間がある学生や昭和61年（1986年）3月までに国民年金任意加入期間がある労働者の配偶者で、当時任意加入していなかったために障害基礎年金等を受給していない人は「特別障害給付金制度」の対象となるため、障害年金の所得が制限されます。

障害基礎年金のしくみと受給額について知っておこう

初診日・障害等級・保険料納付の要件に該当すれば請求できる

■■ どんな場合に障害基礎年金を受給できるのか

障害基礎年金は、原則として次の3つの要件をすべて満たしている場合に支給されます。

① 病気やケガを負い、医療機関で診察を最初に受けた日である（初診日）に国民年金に加入していること。または、過去に国民年金の加入者であった60歳から65歳の人で、日本国内に在住していること

② 初診日から1年6か月を経過した日、または治癒した日（障害認定日）に障害等級が1級または2級に該当すること

③ 初診日の前日に保険料納付要件を満たしていること

なお、③の保険料納付要件とは、初診日の月の前々月までに国民年金の加入者であったときは、全加入期間のうち保険料の納付期間と免除期間が3分の2以上を占めることをいいます。

■■ 3つの要件についての注意点

障害基礎年金をもらえる人は、国民年金の加入者か老齢基礎年金をまだ受け取っていない60～65歳の人で、障害等級が1級か2級と認定され、さらに国民年金の保険料の滞納が3分の1未満の人ということになります。

障害年金制度に年齢要件が設けられているのは、他の年金と重複しないようにするためです。年金は国民の生活保障のために支給されるものであるため、原則一人あたり1つの年金が支給されます。たとえば、65歳を迎えた場合、支給要件を満たす国民であればすべてが老齢年金の支給対象者になります。したがって、障害基礎年金には65歳未

満という要件が存在するのです。

　また、③の保険料納付要件に関する規定では、特例として初診日が2026年3月31日以前の場合、初診日の月の前々月までの直近1年間に保険料の滞納がなければ受給できることになっています。ただし、初診日が基準となるため、病気やケガで診察を受けて、障害が残りそうだということで慌てて滞納分を払いに行っても、給付対象にはなりません。

　②の障害認定日において認定されるには、障害基礎年金の場合は障害等級が1級または2級、障害厚生年金の場合は障害等級1級または2級、3級に該当する障害の状態であることにも、それぞれ注意が必要です。障害等級に該当する障害には、肉体的な障害に加え、精神障害も含まれます。

　なお、「治癒した」とは、一般的なイメージでいう「治る」とは異なり、症状が固定し、障害の原因になる病気やケガの治療行為が終わることです。「完治した」という意味ではありません。

■■ 納付する保険料額について

　障害基礎年金が支給されるための要件のひとつとして、保険料納付要件が挙げられます。これは、国民年金第1号被保険者または任意加入被保険者の場合は国民年金保険料を支払った期間、第2号被保険者の場合は厚生年金保険料を支払った期間で判断されます。

　なお、第3号被保険者の場合は第2号被保険者の被扶養者であるため保険料の納付は不要です。国民年金保険料は、令和6年度（2024年度）の場合は毎月16,980円です。厚生年金保険料の場合は、収入に応じて定められた標準報酬月額に該当する金額となります。つまり、所得の金額に比例して保険料額が増減する点に注意が必要です。

■■ 障害基礎年金の受給額

　障害基礎年金は、加入期間の長短に関係なく障害の等級によって定額になっています。

　支給額については一定期間ごとに見直しが行われており、令和6年度（2024年度）の基準からは、1級で67歳以下が年額102万円、68歳以上は101万7,125円、2級で67歳以下が年額81万6,000円、68歳以上は81万3,700円です。それに加えて18歳未満の子（または一定の障害をもつ20歳未満の子）がいる場合は、子1人につき23万4,800円（3人目からは7万8,300円）が加算されます。

　いずれの場合も、障害認定日から障害に該当する限りは、一生涯にわたり支給されます。

■ 障害年金の保険料納付済期間 ‥‥‥‥‥‥‥‥‥‥‥‥‥‥‥

原則

初診日 ▼

20歳

保険料 納付済期間	滞納期間	保険料 免除期間	保険料 納付済期間

初診日がある 月の前々月

保険料納付済期間＋保険料免除期間がこの期間中の 3分の2以上であること

特例 ※初診日が2026年3月31日までにある場合

初診日 ▼

20歳

—— 1年間 ——

滞納期間	保険料 免除期間	保険料 納付済期間

初診日がある 月の前々月

この期間中滞納が なければよい

12 障害厚生年金のしくみと受給額について知っておこう

厚生年金の加入者が受け取ることのできる年金である

■■ どんな場合に障害厚生年金を受給できるのか

障害厚生年金は、厚生年金保険による生活保障年金です。支給要件については、障害基礎年金と同じ内容になっています。そして、障害厚生年金を受給するには下記の要件に該当する必要があります。

① 厚生年金へ加入している期間中に初めて医師の診療を受けた初診日があること

② 障害等級に該当する障害を抱えていること

③ 初診日前日の時点で、以下のいずれかの保険料納付要件を満たしていること

ⓐ 初診日のある月の2か月前までの公的年金加入期間のうち、3分の2以上の期間は保険料が納付または免除されていること

ⓑ 初診日に65歳未満の者であり、初診日のある月の2か月前までの1年間に、保険料の未納期間が含まれていないこと（2026年3月31日までの特例）

■■ 要件についての注意点

障害厚生年金は、厚生年金の加入者を対象とした年金であるため、先天性の障害を抱える場合は原則として支給の対象にはなりません。

ただし、先天性の障害であっても、実際に詳しい障害が判明するのが年を重ねた時点になる場合があります。たとえば、先天性の股関節脱臼を抱えている場合でも、実際には成人になってから痛みなどで生活に支障をきたすケースなどが挙げられます。

この場合、実際に痛みを感じて医師の診察を受けた初診日の時点で

厚生年金へ加入している事実があれば、たとえ痛みの原因が先天性の障害であっても障害厚生年金の請求が可能となる場合があります。

なぜならば、障害年金の初診日の概念は医学的な概念とは異なり、医師が「先天性である」と医学的見解を示したとしても、初診日に関する障害年金の支給要件を満たしているというケースがあるためです。

▰▰ 納付する保険料額について

障害厚生年金を受給するためには、厚生年金へ加入し、厚生年金保険料を納付する必要があります。

実際の金額は、32等級に分類された標準報酬に、保険料率を掛けて計算します。保険料率は、平成29年（2017年）9月からは18.3％に固定されています。ただし、原則として厚生年金保険料は被保険者と事業所で折半して納付するため、実際に支払う場合は上記の金額を2で除した金額になります。

▰▰ 障害厚生年金の受給額

障害厚生年金は、1級障害の場合は老齢厚生年金の1.25倍、2級障害の場合は老齢厚生年金と同一の金額が支給されます。

障害の程度や収入に応じた金額が支給されるのが原則であるため、障害厚生年金の支給額は、その人の障害の程度や収入に応じて異なった金額になります。

障害厚生年金の額を計算する場合、平成15年（2003年）4月以降の期間とそれより前の期間とで、計算方法が異なります（次ページ）。厚生年金保険への加入期間の長さも関係します（加入期間が300か月に満たない場合は、300か月の加入期間があったものとみなして支給額が算出されます）。

障害厚生年金の場合、障害基礎年金と異なり、子どもがいる場合の加算はありません。その代わり、1級、2級は受給権が発生した当時、

その者により生計を維持していた65歳未満の配偶者がいる場合は加給
年金額234,800円が加算されます。3級の場合は加給年金がありませ
んが、最低保障額が定められています（下図参照）。

■ 障害年金の受給額 ‥‥‥‥‥‥‥‥‥‥‥‥‥‥‥‥‥‥‥‥‥‥

自営業者・専業主婦（夫）
（1号・3号被保険者）

会社員
（2号被保険者）

（令和6年度の基準）

	障害基礎年金		障害厚生年金	
	定額	子の加算	報酬比例の額	配偶者の加算
1級障害	昭和31年4月2日以降生まれ 1,020,000円 昭和31年4月1日以前生まれ 1,017,125円 （老齢基礎年金×1.25）	18歳未満の子 2人目まで 1人につき 234,800円	※報酬比例の年金額×1.25	65歳未満の 配偶者 234,800円
2級障害	昭和31年4月2日以降生まれ 816,000円 昭和31年4月1日以前生まれ 813,700円 （老齢基礎年金と同額）	3人目から 1人につき 78,300円	※報酬比例の年金額	
3級障害			※報酬比例の年金額 （最低保障額 昭和31年4月2日以降生まれ 612,000円 昭和31年4月1日以前生まれ 610,300円）	
一時金			※報酬比例の年金額×2 （最低保障額 昭和31年4月2日以降生まれ 1,224,000円 昭和31年4月1日以前生まれ 1,220,600円）	

※報酬比例の年金額 ＝ ① ＋ ②

※被保険者月数が300か月未満のときは、300か月として計算する。
この場合、以下の式で計算する

$$（①＋②）× \frac{300}{全被保険者月数}$$

①平成15年3月までの期間

平均標準報酬月額 $× \frac{7.125}{1000} ×$ 平成15年3月までの被保険者月数

②平成15年4月以降の期間

平均標準報酬額 $× \frac{5.481}{1000} ×$ 平成15年4月以降の被保険者月数

※老齢厚生年金算出時と同じ従前保障あり

13 障害手当金の受給要件について知っておこう

障害等級３級より軽い障害がある場合に支給される

■■ 障害等級３級に該当しない場合

障害等級３級以上に該当する障害が残った場合には、障害年金が支給されます。これに対して、**障害手当金**は、障害等級３級よりやや軽い障害が残った場合に、年金ではなく、一時金として支給される給付です。

病気やケガで初めて医師の診療を受けた日（初診日）において被保険者であった者が、その初診日から起算して５年を経過する日までの間にその病気やケガが治った日に、一定の障害の状態に該当した場合に支給されます。

しかし、障害手当金を受給してしまうと、その後に障害の程度が悪化しても同一の障害について障害年金を受給できなくなる場合もあります。そのため、障害手当金の受給は慎重に行うことが必要です。

障害手当金は、初診日の前日において、初診日の属する月の前々月までに被保険者期間があり、その被保険者期間のうち、保険料納付済期間と保険料免除期間をあわせた期間が被保険者期間の３分の２未満である場合は支給されません。

ただし、令和８年（2026年）４月１日より前に初診日のある障害については、この納付要件を充たさなくても、初診日の前日において初診日の属する月の前々月までの１年間のうちに保険料の未納がない場合には、障害手当金が支給されます。

■■ 障害手当金が支給されない者もいる

障害を定める日において、次の年金の受給権者に該当する者には、障害手当金が支給されません。

① 厚生年金保険法（旧法を含む）の年金給付

② 国民年金法の年金給付

③ 国家公務員災害補償法、地方公務員災害補償法、公立学校の学校
医、学校歯科医及び学校薬剤師の公務災害補償に関する法律、労働
基準法、労働者災害補償保険法の規定による障害補償または船員保
険法の規定による障害を支給事由とする年金給付

　ただし、①と②に該当する者のうち、障害厚生年金等の障害年金の
受給権者で障害等級１～３級に該当することなく３年を経過した者
（現に障害状態に該当しない者に限る）は、障害手当金の支給を受け
ることができます。

■ 障害手当金の対象になる障害 ･････････････････････････････

- 両眼の視力が0.6以下に減じたもの
- １眼の視力が0.1以下に減じたもの
- 両眼のまぶたに著しい欠損を残すもの
- 両眼による視野が2分の1以上欠損したもの、ゴールドマン型視野計による測定の結果、Ⅰ／二視標による両眼中心視野角度が56度以下に減じたもの、または自動視野計による測定の結果、両眼開放視認点数が100点以下、もしくは両眼中心視野視認点数が40点以下に減じたもの
- 両眼の調節機能および輻輳機能に著しい障害を残すもの
- １耳の聴力が、耳殻に接しなければ大声による話を理解することができない程度に減じたもの
- そしゃくまたは言語の機能に障害を残すもの
- 鼻を欠損し、その機能に著しい障害を残すもの
- 脊柱の機能に障害を残すもの
- １上肢の３大関節のうち、１関節に著しい機能障害を残すもの
- １下肢の３大関節のうち、１関節に著しい機能障害を残すもの
- １下肢を３cm以上短縮したもの
- 長管状骨に著しい転位変形を残すもの
- １上肢の２指以上を失ったもの
- １上肢のひとさし指を失ったもの
- １上肢の３指以上の用を廃したもの
- ひとさし指を併せ１上肢の２指の用を廃したもの
- １上肢のおや指の用を廃したもの
- １下肢の第１趾または他の4趾以上を失ったもの
- １下肢の5趾の用を廃したもの
- 前各号に掲げるものの他、身体の機能に、労働が制限を受けるか、または労働に制限を加えることを必要とする程度の障害を残すもの
- 精神または神経系統に、労働が制限を受けるか、または労働に制限を加えることを必要とする程度の障害を残すもの

14 障害年金がもらえない場合とはどんな場合なのか

等級が3級より下、犯罪行為、故意による障害状態はもらえない

■■ 障害年金の支給停止

　障害年金が支給停止となる場合として、障害等級が3級より下の場合、犯罪行為や故意に障害の原因を起こして障害状態になった場合があります。障害等級が3級より下の場合に障害年金がもらえないケースでは、いくつかの注意が必要です。

　まず、以前は3級以上だったが、現在は軽くなり、3級より下になった場合です。この場合、障害年金は支給されなくなりますが、再び悪化したときには支給が再開されます。また、労働基準法の障害補償を受ける権利を取得した場合、6年間支給停止されます（障害基礎年金の受給権がある場合は同時に支給停止される）。

　さらに、障害厚生年金の受給権者が、同一の障害を支給事由とする被用者年金各法の障害共済年金の受給権をもつことになった場合にも支給停止が行われます。この場合、障害厚生年金と障害共済年金の一方は支給が停止されることになります。

■■ 障害年金の失権

　年金の受給権が消滅することを失権といいます。まず、自己の故意の犯罪行為で障害状態になった場合、年金減額か、支給されないことがあります。さらに、故意に障害の原因を起こして障害状態になった場合も、支給が制限されます。

　ただ、この故意の範囲は明確に決まっているわけではありませんので、ケース・バイ・ケースで判断されます。また、65歳を過ぎるまで3級より下だった場合は、受給権そのものが消滅します。65歳以降に

3級以上になっても障害年金はもらえません（下図参照）。

ただし、ここでも、特例があります。障害等級に該当する人が、3級より下の障害状態になって3年以内に65歳になった場合は、受給権が失権するのは65歳ではなく、3級より下の障害状況になってから3年後になります。

さらに、受給権者が死亡したときや、併給調整の併合認定により新たな受給権を取得したとき（従前の障害厚生年金の受給権が消滅する）に、障害年金の受給権は失権します。

■ 障害厚生年金の失権・支給停止事由 ·······························

● 失権事由

① 受給権者が死亡したとき

② 併合認定により新たな受給権を取得したとき
（従前の障害厚生年金の受給権が消滅する）

③ 障害等級に該当する程度の障害の状態にない者が65歳になったとき
（65歳になった日に、障害等級に該当する程度の障害の状態でなくなった日から起算して、障害等級に該当する程度の障害の状態に該当しないまま3年を経過していないときを除く）

④ 障害等級に該当する障害の状態でなくなった日から起算して、障害等級に該当する程度の障害の状態に該当することなく3年が経過したとき
（3年が経過した日において、その受給権者が65歳未満である場合を除く）

● 支給停止事由

① 労働基準法の障害補償を受ける権利を取得したときから6年間
（障害基礎年金の受給権がある場合は同時に支給停止される）

② 障害の程度が軽くなり、障害等級に該当する程度の障害の状態でなくなったとき
（ただちに受給権を消滅させるのではなく、いったん支給を停止し、その後、障害の程度が悪化して再び障害等級に該当する状態に至った場合に支給が再開される）

③ 障害厚生年金の加給年金の支給対象となっている配偶者が老齢厚生年金または障害基礎年金、障害厚生年金受けられるに至ったとき
（配偶者の加給年金額のみ支給を停止）

15 障害年金の請求パターンについて知っておこう

障害認定日の翌月に遡って請求できる場合もある

■■ 障害年金の請求

　障害年金の請求手続きは、原則として初診日から1年6か月を経過した日（障害認定日）の障害の状態を判断の基準として行います。この方法で障害年金を請求することを、判断基準となる日の名称をとり**障害認定日請求**といいます。なお、初診日から1年6か月を経過する前に治ゆした場合（症状が固定し、治療の効果が期待できない状態となったとき）は、例外として、1年6か月を経過していなくても、その治ゆしたときを基準に**裁定請求**をすることができます。たとえば、心臓の障害の場合はペースメーカーを装着した日、肢体の障害の場合は切断をした日、などが障害認定日になります。

　裁定請求の手続きは障害認定日以降に行うことになります。障害認定日以降とは、具体的には認定日から1年以内の期間で、この期間に請求することを**本来請求**といいます。本来請求として裁定請求を行い、認定された場合は障害認定日の翌月分から障害年金を受給できるようになります。

　また、障害年金の請求には、本来請求の他に遡及請求という方法があります。これは、障害認定日から1年を経過した場合でも、障害認定日に遡って請求を行う方法です。遡及請求を行うためには、障害認定日より3か月以内に診察した医師による診断書に加え、請求を行う時点での診断書が必要になります。ただし、遡及請求を行う場合は、最大5年分しか遡ることができない点に注意が必要です。これは、障害年金の時効は5年となっているためで、請求が遅れて5年を超えた場合は、請求日から遡って5年間分しか受給することができません。

たとえば、障害認定日の7年後に裁定請求をした場合、請求日から5年分しか支給されず、残りの2年分は受給することができないということになります。

なお、生まれながらに障害を抱える先天性障害者の場合や、未成年時に障害を抱えた者については、保険料の納付要件を問わず、20歳に到達した日を障害認定日とした上で、障害年金の請求をすることになります。これを「二十歳前傷病の障害年金」といい、20歳になった日以降に前述のような本来請求や遡及請求の手続きを取り、年金を受け取ることができます。

■■ 事後重症による請求

初診日から1年6か月が経過した日（障害認定日）には障害年金を受けるほどの状態ではなかったものの、その後悪化して障害等級に該当する程度になった場合は、65歳の誕生日前々日までであれば、そのときに裁定請求することができます。このことを**事後重症による請求**といいます。障害認定日に障害等級に該当していなかったという場合だけでなく、受診歴やカルテがないために、障害認定日に障害等級に該当していたことを証明できないという場合にも、事後重症による請求をすることになります。事後重症による請求の場合の障害年金は、請求日の翌月分から支給されることになります。

■■ はじめて2級障害による請求

その他、**はじめて2級による請求**（2つ以上の障害を合わせて、はじめて障害等級が2級以上になったときに、裁定請求をすること）によって支給を受けるという方法もあります。

「はじめて2級障害」とは、すでに2級より下と判断される何らかの障害を持っている者に対して新たな障害が発生した場合に、既存の障害と新たな障害を併合することで「はじめて障害等級2級以上に該

当した場合」のことです。この場合の新たな障害のことを基準障害といい、「はじめて2級障害」のことを「基準障害による障害年金」と呼ぶ場合もあります。

この「はじめて2級障害」に該当した場合は、後発の新たな傷病に対する初診日を基準として、初診日における被保険者等要件と保険料納付要件をクリアしているかを判断します。一方、先に発生していた既存の障害にまつわる被保険者要件や保険料納付要件は問われることはありません。

基準障害における被保険者等要件と保険料納付要件の具体的内容は、通常の障害年金の場合と同様です。基準障害の初診日の前日において、保険料を未納している期間が1年以上ある場合や、納めるべき期間の3分の1以上が未納である場合は受給することができません。

申請は、原則として65歳までに行う必要があります。ただし、65歳になる前日までに障害等級2級以上に該当した場合は年金の受給権が発生するため、65歳を超えても請求できます。

被保険者要件と保険料納付要件を満たした上で請求を行った場合、請求月の翌月より、既存の障害と基準障害を併合した新たな障害の程度に該当する障害年金が支給されます。なお、老齢基礎年金を繰り上げ受給している場合は請求ができません。また、過去に遡っての支給は行われないため、早急に手続きをするのがよいでしょう。

■ **はじめて2級障害のしくみ** ………………………………………

前発障害

初診日　障害認定日【非該当】

併合してはじめて【該当】

基準障害

初診日　障害認定日　65歳

16 障害年金はいつから受給できるのかを知っておこう

請求の内容に応じて支給開始時期が異なる

■■■ いつから支給開始されるのか

障害年金は、年金を請求した時期に応じて、支給開始される時期が異なります。

まず、障害認定日に障害等級に該当しており、その上で認定日から1年以内に請求を実施する「本来請求」の場合は、認定が下りた場合は障害認定日の翌月より支給が開始されます。

一方、請求の時点で障害認定日より1年を過ぎている状態で遡って請求を行う「遡及請求」の場合は、基本的には障害認定日の翌月より支給が開始されますが、遡ることができる期間は最長5年となる点に注意が必要です。遡及請求の場合は65歳を超えた状態でも請求し、受け取ることが可能です。

また、障害認定日後に障害等級に該当することで請求を行う「事後重症請求」の場合は、請求した月の翌月より支給が開始されます。過去に遡って請求を行わない点が、遡及請求とは異なります。事後重症請求の場合は、65歳を迎える前に請求を済ませる必要があります。

その他、もともと障害等級に該当しない障害を抱えている人が新たに傷病を患うことで障害等級に該当する状態となった場合には、後に患った傷病における初診日で受給要件が審査され、請求した月の翌月から支給が開始されます（はじめて2級請求）。この場合は、65歳になる前に障害等級に該当する障害を抱えていれば、65歳を超えても請求を行うことが可能です。

なお、先天性の障害や未成年で障害を抱えることになった場合は、初診日に国民年金に加入していませんが、「二十歳前傷病の障害年金」

という制度があるため、保険料納付要件を問われることなく障害基礎年金の請求が可能で、20歳以降に年金を受け取ることができます。

■■ いつまで受け取れるのか

　支給開始された障害年金は、受取人が死亡した場合は受給権がなくなり、障害等級に該当しなくなった場合には支給停止されます。つまり、障害状態が改善しない場合は一生涯にわたり受け取り続けることが可能です。

　障害年金を受給している人が老齢年金を受給することになった場合については、年齢に応じて受け取り方が異なります。たとえば、65歳までに老齢年金の支給を受けることになった場合は、老齢年金と障害年金のうち年金額が高い方を選択することになります。

　一方、65歳を迎えて老齢年金を受け取ることになった場合は、①老齢基礎年金と老齢厚生年金、②障害基礎年金と障害厚生年金、③障害基礎年金＋老齢厚生年金のいずれかの組み合わせのうち、最も高額となる内容を選択して受け取ることができます。

■ 障害年金支給の開始と終了 ……………………………………………

請求の種類		請求日	支給開始月	支給の終了
障害認定日請求	本来請求	制限なし	障害認定日の翌月分から	受取人が死亡したとき
	遡及請求	制限なし	同上（5年の時効あり）	
事後重症請求		65歳に達する日の前日まで	請求日の翌月分から	受取人が障害等級に該当しなくなったとき
はじめて2級請求		制限なし	請求日の翌月分から	

17 受給するために何から始めればよいのか

病院に初めてかかった日と具体的な症状から確認をする

■■ 受給の可能性を検討する

　第一に確認すべきなのは、初診日です。初診日とは、年金の受給を検討している障害のもととなっている病気やケガについて、初めて病院の医師による診療を受けた日のことです。

　まずは、初めてケガをした日、もしくは体調不良を感じた日について思い出してみましょう。すぐに思い出せない場合は、病院の領収証や保険調剤明細書、お薬手帳などを確認し、かかった日とかかった病院名を割り出します。このような場合に備え、とくに大きな疾病や長期にわたりそうな疾病にかかった場合は、日頃から領収証や明細書を整理しておく方法が重要です。

　先天性の障害の場合は、初診日は生まれた日となり、障害認定日は20歳に到達した日となります。この場合は、20歳になるまでは障害年金の請求はできず、20歳になってから請求の手続きをする必要があります。また、先天性の場合でも、実際に生活に支障をきたす程度の症状が確認できるのが何年も後になってから、という場合があるため注意が必要です。たとえば、先天性の障害を抱えている状態で、成人後に痛みが生じて生活することが困難になったケースなどが挙げられます。このような場合は、痛みが生じた時点で初めて病院にかかった日が初診日になります。

　次に確認すべきことは、対象となる障害の程度です。障害基礎年金を受給する場合は障害等級1級または2級、障害厚生年金を受給する場合は障害等級1級または2級、3級に該当する必要があります。まずは、自身の症状がどのような内容であるかを確認する必要がありま

す。肉体的な部分における障害の場合は歩行や食事、入浴、掃除や洗濯などの日常生活への支障はどの程度生じているのかを確認します。検査の数値により障害の等級が決定する症状もあるため、かかりつけの医師にも相談してみましょう。一方、精神的な部分における内容の場合は、診断された病名や、その症状によって日常生活への支障がどの程度生じているのかを確認します。

とくに自身や家族の障害の状態が長引くと、心身ともに疲労が蓄積してしまい、確認作業が進まないケースもあります。このような場合は、社会保険労務士などの専門家に相談してみるのも有効です。

■ 3つの書類を準備して年金事務所へ行く準備をする

障害年金の受給には、必要になる書類があるため、確認して確実に揃えていきましょう。準備する書類は、①受診状況等証明書、②医師による診断書、③病歴・就労状況等申立書の3つです（次ページ）。3つの書類が無事にそろったところで、実際に年金事務所へ行き、申請の手続きを行うことになります。まずは、最寄りの年金事務所の所在地を確認しましょう。実際に申請に行く日の開所時間や交通機関、駐車場の有無確認も重要です。所在地や開所時間については、日本年金機構のホームページで自宅の住所を入力することで、管轄の年金事務所の情報を調べることが可能です。所轄の年金事務所ではなく、職場近くの年金事務所へ行くこともできます。

次に、年金手帳または基礎年金番号通知書を準備します。年金手帳は年代により色が異なり、母子手帳やパスポート大の書類です。準備した上で基礎年金番号を確認しましょう。なお、年金手帳または基礎年金番号通知書を紛失した場合は、本人確認のできる身分証明書等を準備することで、年金事務所で再発行をしてもらうことが可能です（年金手帳、基礎年金番号通知書のどちらの場合も、基礎年金番号通知書が再発行されます）。

18 提出書類を用意するときに気をつけること

診断書、受診状況等証明書、病歴・就労状況等申立書等が必要である

■■ どんな書類を提出するのか

　障害年金を請求するには、さまざまな書類を準備し、提出しなければなりません。たとえば、重要なものには年金請求書が挙げられます。年金請求書とは、年金をもらうための請求書のことです。年金は、すべて請求制度をとっているため、この請求作業を行わなければ受け取ることができません。年金請求書は、最寄りの年金事務所や役所、日本年金機構のホームページで入手することが可能です。請求書は年金の種類によって異なるため、必ず障害年金を受給することを伝えましょう。年金請求書には、基礎年金番号や生年月日、氏名などの基本的情報の他、受取りを希望する口座番号や加算がある場合の対象者（加給対象者）などを記載して提出します。

　さらに、障害年金の請求には確実に必要となる受診状況等証明書や医師による診断書、病歴・就労状況等申立書の準備もしなければなりません。受診状況等証明書は初診日を証明するための書類で、初めて受診した医療機関に作成を依頼します。これらの書類は、必ず直接取りに行く手筈を整え、その場で不備がないか確認することが重要です。診断書は、障害の具体的な内容について証明するための書類で、医師に発行を依頼します。病歴・就労状況等申立書は、請求する本人やその家族が、障害にまつわる具体的な状況を記載するための書類です。

　その他の書類としては、年金請求書に記載した個人番号、基礎年金番号や口座番号の証明となるものが必要です。具体的には、本人やその配偶者分のマイナンバーカード、年金手帳もしくは基礎年金番号通知書や預金通帳（またはキャッシュカード）を準備します。

また、申請日の6か月以内に発行された戸籍謄本や住民票も準備をしておかなければなりません。そして、加給対象者がいる場合は配偶者の所得証明書や子の在学証明書、対象者の年金証書も必要です。共済組合に加入していた期間がある場合は、その証明となる年金加入期間確認通知書も用意します。

■■ 受診状況等証明書の記載と作成依頼

　受診状況等証明書とは、別名「初診日証明」ともいわれる書類のことで、障害のもとになっている病気やケガで初めて病院を受診した「初診日」を証明するための書類です。初めて受診した先である病院の医師に依頼し、作成してもらいます。

　この書類は、初診以降ずっと同じ病院にかかっている場合は、後述する医師による診断書によって初診日の証明がなされるという理由から用意する必要はありません。一方、初めてかかった病院が遠方だった場合や、より確実に治療を受けられるよう別の病院へ転院した場合などは、初診日の確認ができるように受診状況等証明書が必要になります。

■■ 診断書の作成依頼

　医師による診断書とは、障害の程度を証明するために医師に発行してもらう書類です。病気やケガの状況や治療にかかった日数、手術が必要であった場合はその内容や入院日数などが記載されています。

　実際に診断書を入手する際に依頼を行う医療機関については、障害認定日に確実に障害状態に陥っていると予想される場合は障害認定日時点にかかっていた医療機関、障害状態かどうかが不明の場合は今現在かかっている医療機関に対して依頼をすることになります。

　依頼する際には、通常の場合は「依頼状」という書類を作成した上で、医療機関の窓口へ出向き、依頼します。依頼状についての正式なフォーマットはありませんが、相手に失礼のないような文章を心がけ

ましょう。内容としては、社会人が作成するようなビジネス文書の書式を用いて、日付・依頼先となる医療機関と医師の氏名を記入し、患者となる依頼主名を記載します。その上で、「診断書作成願い」と題名を記した上で、診断書の依頼を行うことを記載します。書類の書式や時事の挨拶、結びの言葉などは、一般的なビジネス文書例を参考にするとよいでしょう。依頼状を作成するにあたり心がけなければならないのは、医師が診断書を作成するにあたり参考となる資料を添付する点です。診断書には、医師が依頼主を診察するにあたって把握することができない部分も記載しなければなりません。したがって、医師が作成に困ることがないよう、事前に情報を提供しておく必要があります。具体的には、作成済みの受診状況等証明書のコピーなどが挙げられます。また、障害を抱えていることで日常生活にどのような支障が生じているか、生活能力の程度、就労や家事などの労働力などについて文書にして添付することで、診断書の内容がより具体的なものになります。

　依頼状には、依頼する診断書の枚数や不明点を問い合わせる連絡先もあわせて記載します。社会保険労務士に依頼している場合は事務所名、住所、氏名、連絡先を記しておく方法が効果的です。

■■ 病歴・就労状況等申立書の作成

　病歴・就労状況等申立書とは、前述の２つの書類とは異なり、医師ではなく患者側（本人またはその家族）が作成する書類になります。病名や発病日、初診日や障害の程度など、受診状況等証明書や診断書に書かれた内容に加え、診断書だけでは計ることができない、具体的な症状や日常生活で生じている支障の内容について記載します。たとえば、医師にかかっていない間の症状や外出、仕事や食欲、着替え、炊事、洗濯、入浴などへの影響などを具体的に記していきます。

　病歴・就労状況等申立書は、障害年金の受給審査に影響する重要な存在であり、患者側が作成する唯一の書類です。記載後は、客観的な

視点から判断ができる立場の者に内容を確認してもらう方法をとることが有効です。

　受診状況等証明書、診断書、病歴・就労状況等申立書の３つの書類は、①受診状況等証明書→②診断書→③病歴・就労状況等申立書の順番で準備していきます。それぞれの書類の内容に矛盾がないかのチェックを行った上で提出をしましょう。

■ 障害年金請求時の必要書類と手続き ·····························

障害年金請求時の必要書類

必要書類	備　考
年金請求書	年金事務所または年金相談センター、市区町村役場、日本年金機構のホームページで入手
年金手帳 基礎年金番号通知書	本人と配偶者のもの
病歴・就労状況等申立書	障害の状況、就労や日常生活の状況について記載する
診断書	部位ごとの診断書を医師に記入してもらう
受診状況等証明書	診断書作成の病院と初診時の病院が違うとき
戸籍抄本	受給権発生日以降、提出日の６か月以内。子がいる場合は世帯全員。マイナンバー記入により省略可。
住民票	
印鑑 ※押印が必要な場合のみ	認印（シャチハタは不可）
預金通帳または キャッシュカード	本人名義のもの
配偶者の所得証明書 （または非課税証明書）	加給年金対象の配偶者がいるとき市区町村の税務課で発行
子の生計維持を証明するもの	加給年金対象の子がいるとき　在学証明書など
年金証書	本人、配偶者がすでに年金をもらっているとき
年金加入期間確認通知書	共済組合の加入期間があるとき

障害年金の手続き

初診日の年金加入状況		請求先
厚生年金		年金事務所または年金相談センター
国民年金	第１号被保険者	市区町村役場
	第３号被保険者	年金事務所または年金相談センター
20歳前に初診日がある場合		市区町村役場

【監修者紹介】
若林　美佳（わかばやし　みか）

1976年神奈川県生まれ。神奈川県行政書士会所属。平成14年行政書士登録。相武台行政書士事務所（平成22年2月に行政書士事務所わかばに名称を変更）を設立。病院勤務等の経験を生かし開業当初から、福祉業務に専念し、医療法人・社会福祉法人設立等法人設立を主要業務としている。また、福祉法務に関するエキスパートとして地域の介護支援専門員等との交流を深め、福祉ネットワークを組んでいる。介護保険分野では、多くの介護サービス事業所や特別養護老人ホーム設置等を手がけ、創業・運営についてコンサルティングも行っている。また、株式会社大樹苑の代表取締役に就任し、住宅型有料老人ホームの経営も行っている。
監修書に、『介護保険【サービス・費用】と介護施設のしくみと手続き』『介護福祉サービス申請手続きと書式』『障害福祉サービスと申請手続きマニュアル』『図解 福祉の法律と手続きがわかる事典』『図解で早わかり 福祉サービスの法律と手続き』『介護保険施設・有料老人ホーム・高齢者向け住宅選び方と法律問題』（小社刊）などがある。

行政書士事務所 わかば
http://www.mikachin.com/kaigoindex

改訂新版　すぐに役立つ
これならわかる
障害者総合支援法と支援サービスのしくみと手続き

2024年4月20日　第1刷発行

監修者	若林美佳
発行者	前田俊秀
発行所	株式会社三修社
	〒150-0001　東京都渋谷区神宮前2-2-22
	TEL　03-3405-4511　FAX　03-3405-4522
	振替　00190-9-72758
	https://www.sanshusha.co.jp
印刷所	萩原印刷株式会社
製本所	牧製本印刷株式会社

©2024 M. Wakabayashi Printed in Japan
ISBN978-4-384-04937-4 C2032